全部生命系列

康健出版　天下雜誌 CommonWealth Magazine

未來的靈性道路

Spiritual Path of the Future

The Middle Way

作者 楊定一

目 錄　CONTENTS

　　　　緣起：為什麼寫《中道》？ 8

01　中道，是未來的靈性科學 14

02　歷史會重複自己 17

03　最古老、最完整的靈性傳承 23
　　　練習：從中道，一路到臣服與參　　　　　　26

04　釋迦牟尼佛珍貴的發現 29

05　《心經》的彙總 33

06　彌勒佛的唯識 41

07　中道，看著人間，不落在人間 44

08　整體包括相對和絕對
　　Nama, Rupa, Sat, Chit, Ananda 46

09　蘇格拉底辯證法、*Neti Neti* 到中道 49

10　語言的悖論 58

11　不二論 *Advaita Vedanta* 63

12　儒家的《中庸》 68

13	末法時代，中道是最靠得住的老師	71
	練習：從自己開始	76
14	全面的整合與成熟	77
	練習：感恩	81
15	克服障礙：在每個瞬間，帶來一點正向的動能	84
	練習：一切都好	89
16	向內轉——從現象，回到本質	91
17	不費力回到本質	95
18	滑回到心，就是中道	98
19	中道帶來的平衡點	102
20	真實來悟我們	106
21	身心無法醒覺，但可以停留在神聖的空間	110
	練習：舌抵上顎	112
22	每個人有自己的超連結	114
	練習：祝福身邊的景物	119
23	暴風的中心，意識的門檻	121

24	多層面的組成，多層面的切入	125
	練習：諧振式呼吸	130
25	友善地化掉每一點阻力	133
	練習：朗誦	136
26	樣樣都嘗試，都可以套上中道	139
27	觀察呼吸，帶著中道的練習	143
	練習：從數息、觀息，進入心流	145
28	「我―在」的呼吸	148
	練習：早上醒來、晚上睡前，做「我―在」的呼吸	152
29	不費力，停留在本質	154
30	透過中道，從根本改變習氣	157
	練習：不要看時間	161
31	波羅蜜：現在就活出最高的領悟	162
	練習：透過波羅蜜，帶領這一天，欣賞這一天	166
32	練習，不分初學與資深	169
	練習：你可以放過嗎？	174
33	頭腦的騙局	175

34	面對氣脈和能量的現象	180
	練習：可以讓樣樣自己存在嗎？	184
35	*Neti Neti* 都不是	185
36	是清醒的嗎？	189
37	醒覺的決心	194
38	超越理解的苦難，超越理解的平安	200
	練習：你可以承擔嗎？	204
39	心的藍圖	205
40	接受那不可接受的	208
	練習：快樂地接受	212
41	自然的後果	214
42	讓殘留的業力自己消失	218
43	野地裡的百合	223
44	接受不可知	229
45	意識優先的生命	232

46	放鬆到非時間、非空間的永恆	235
47	愈成熟，愈誠懇；愈是誠懇，也愈成熟	240
48	讓別人有他自己的神聖空間	244
49	練習，和過去想的不一樣	247
50	中道，讓一切平等化	251
51	中道的療癒	254
	練習：慶祝每一個瞬間	258
52	活出生命最美的部份	260
53	空和滿，完全是一樣的	262
54	真實，不需要避開人間	266
	練習：你可以承擔嗎？	271
55	是落到這裡現在，不是上升到哪裡	272
	練習：落到身體	278
56	彌合不一致	281
	練習：覺的瑜伽，開始一天	285
	練習：在的瑜伽——和整體一起生活	287
	練習：動或不動，都讓整體帶著	289

57	不費力,沒有選擇	292
	練習:你可以承擔嗎?	295
58	沒有什麼成就可談,只是真實暫時留下的腳印	296
59	真心的原諒,徹底的救贖	298
60	很誠懇解散自己的習氣	302
61	簡單的人,豐盛的生命	306
62	中道,隨時帶我們回家	310
	練習:在嗎?	314
63	謙虛,再謙虛	316
64	在—覺—樂,歡喜而徹底解脫	319
65	捨離是自然的結果	322
66	孤獨,並不孤單	325
67	簡化再簡化,活出真善美	328
	結語:一生的朝聖	331

緣起：為什麼寫《中道》？

我認為，古今中外的大法門，包括佛教、基督宗教、古希臘哲學、老子、儒家所留下的智慧，都可以總結成「The Middle Way」或「中道」。

我常將這樣的智慧稱為妙勝智（Noble Wisdom），意思是勝過一切知識與分別的智慧，而是未來的人最高的智慧法門。

這樣的妙勝智，我也常會說是彌勒佛—基督意識（Maitreya-Christ Consciousness）的科學，有時也說「唯識」（只有意識，Consciousness-Only）是未來的彌勒佛、基督所要表達的中道。

中道所帶來的彙總，我認為是現代人最需要的，為我們在相對的人間和絕對的真實之間，站穩一個符合真實的平衡點——從真實看著人間，知道眼前在變化，但不被現象隨時帶走。

過去，我透過「全部生命系列」建立一套現代人可以接受的邏輯和詞彙，來表達——我們在相對的人間想要追尋絕對的真實，也就是一般人所說的修行，這觀念和事實是剛好顛倒的。我也用科學的語言來說明唯識，用全人健康的觀點來說明如何從身

到心、從心到身各層面著手，淨化腦海和身心。

對一些朋友，這些說明為他們從理論到實務的層面做了一種全面的整合。但我想這並不是我個人的功勞，過去的大聖人早就將一切說得清清楚楚，最多是我們自己不懂而錯過了重點。

這一次，將中道用現代的語言，按照彌勒佛和基督的意識來解釋，是我這本書想帶出來的。也許有些朋友會以為，這本書要為古人的學問做一個大整理，但其實不是。我會投入全部生命觀念的推廣，包括這裡所談的妙勝智、唯識、中道，並不是為了整理古人說的話。這種整理，坦白說，有人類以來從沒有缺少過。

而且，一套系統如果貫通無礙，表達起來應該是簡單明瞭到連小孩都能懂，只是過去的學者所整理的並非如此。歷史上有名的兩位印度學者無著（Asaṅga）和世親（Vasubandhu）兄弟，一般人都認為他們對於將彌勒佛的系統打開很有貢獻。但我從自己的體會來看，總覺得他們的作品對這樣一個清晰明白的系統並沒有真正的理解。是這樣，我才會著手全部生命系列的作品，一方面希望將古人的系統做一個清楚的交代，同時也對我個人的經過做一點解釋。

我從小就投入宗教和靈性的層面，除了自己有興趣，更因為我母親的生活態度帶來一種神聖的空間，讓我可以浸潤在裡頭，可以深入。很早，我就發現自己有很深的體驗，而這些體驗，我

從來沒有聽過其他人談。跟我同年齡的孩子不會提起，大人也好像完全體會不到。

我曾經在《奇蹟》談過接觸大聖人作品的一些經過。這些經驗就像法文的 déjà vu，意思是好像從某一個層面，我老早跟他們接觸過了。

這些經歷和體會當然讓我好奇，而想找各式各樣的經典，希望得到一些說明和指南。六祖、釋迦牟尼佛、耶穌、老子、孔子、蘇格拉底、巴門尼德……東西方主要哲學家和思想家的作品，就好像一本又一本的使用手冊，提供了根據、說明和驗證的方式，讓我可以解釋自己的體驗。

這樣的經過，一般人大概會稱為修行。然而，對我來說，並不是透過修行去修出什麼成果，也不是透過經典去理解什麼我不知道的。修行，是讓我進行一種反復或反向的工程（reverse engineering）——解開過去的經驗，看清機制，讓領悟穩定下來。在驗證的過程，我感覺到過去的大聖人和我們並沒有什麼不同。最多只是後來的人隨著所謂的進步，反而失去這方面的體驗和領悟，把傳承失掉了。

從親身的體驗，我對大聖人有一種無限大的感恩。他們早就勾勒好藍圖，我能讀到並體會到他們所說的，內心是滿滿的喜悅。這一生，如果沒有他們留下來的參考資料，或許會再一次白

白度過。

也因為如此，我對**中道**——**站在真實看人間，從本質看現象**——是特別重視，知道這是大聖人留給未來的人的指南，讓我們可以走到底。至於這個底，就看個人的體驗和成熟度。最重要的是，從眼前開始，一路走下去。

在這本書，我不打算拿過去釋迦牟尼佛講了什麼、龍樹菩薩又怎麼說……做一種系統性的解說。過去早有許多學者這麼做，他們分析聖人的話，建立一套或好幾套理論。但這些，我個人並不感興趣。反過來，我想切入的是——古人的智慧與我們自身的體驗和領悟有什麼關係。

這裡分享的只是一點我個人的體悟，再用現代的語言稍做整理。雖然多少會提到一些古人的重點，但最多是簡單的總結。畢竟我們若真要用學者的角度去進行，那是怎麼也讀不完、講不完、學不完的。

另一個寫《中道》的動機，當然離不開個人的親身經歷。人，難免遇到一些難關和障礙，而濃厚的憂鬱與痛苦怎麼也不會消失。幸運的是，在生命最困難的時候，我仍然沒有失去對真實的信心與誠懇心，在完全臣服的心境下，總是感覺自己仍然在和過去的大聖人對話。

彌勒佛、基督、釋迦牟尼佛、老子、六祖、拉瑪那‧馬哈希

（Ramana Maharshi）、聖日爾曼（Saint Germain）、蘇格拉底、巴門尼德、巴巴大師（Babaji）⋯⋯他們都在我最困難時，透過各種化身來到我面前，讓我在痛苦中仍然覺得他們就在身邊。

聖人的化身不斷把我帶回到哪裡？他們從不同的角度、不同的層面，將我帶回中道。就這麼簡單，卻讓我一生受用無窮。對大聖人，我的心充滿無限大的感激。他們為我創出神聖的空間，而我個人的領悟，也就是中道。

這本書，我也希望帶入一些練習。形式和過去的練習是類似的，最大的差異在於將這些練習與中道做更深的整合。[1]

我的重點還是從個人的體驗出發，既然如此，思路不會像純理論的作品那麼嚴謹，而是這裡談一點，那裡點一下。會採用這種從經驗出發的寫法，主要還是希望可以帶來一種導覽和指南的作用，指出一條人生的出路。

尤其在這時點，我們生在最發達的時代，卻又可能遇上最大的混亂，這個局面是人類累積的聰明難以面對也難以解決的。激烈的動盪很可能持續10年以上，為人類社會帶來很大的整頓。

---

[1] 在書裡的練習是透過文字來表達，對於可以專注的朋友，閱讀本身就是一種靜心。過去幾年，我透過每年一、兩個月的共修，將內心浮出來的分享錄下來，陪伴許多朋友在生活裡去靜心、去練習、去體會，幾年來不知不覺已經累積出幾百個小時的「有聲圖書館」。現在回頭看，這些錄音完全可以配合《中道》，從聲音和文字的路徑切入，陪同我們走上中道的旅程。

面對人類存在的危機，我認為中道是最實用的工具，為自己準備迎接下個階段到來之前的大危機和大破壞。當然，人間的一切是無常。危機、破壞甚至毀滅是早晚的事，只是週期的一部份。說到底，沒有什麼獨特的。

在此，我希望能用最誠懇的方式，重新介紹中道的理念和方法。但願透過這最簡單而最古老的切入點，在這不穩定甚至無常到極端的過渡期，用中道幫助我們把自己的路找回來。如果有幸，我們不光可以守住自己，也保護了地球，甚至能影響宇宙。這樣子，或許這地球還有一絲希望，不會被大多數人的無明和少數人的貪嗔痴所毀壞。

連同《真原醫》、《靜坐》一併算下來，《中道》是我個人第 30 本中文書，我總感覺它帶有特別的意義。

在我心中，《中道》和《我是誰》、《時間的陷阱》、《無事生非》幾本書是平起平坐的。《我是誰》只是很小的一本書，但在全部生命的觀念裡有中心的地位，而篇幅大一些的《中道》也是如此。這些作品雖然接觸的人還不多，但我認為未來會被當作是一個修行的指南。

這次能有這樣的機會和榮幸，把古人留下來的寶藏，尤其中道傳遞下去，也許我這一生可能不算白來，而可以有一點安慰。

01
中道，是未來的靈性科學

我原本是醫師，很年輕就投入基礎研究。從科學的背景出發，談中道，可能跟一般以哲學或宗教為主的思路很不一樣。

最不一樣的是，我認為走到最後，科學、宗教、哲學跟任何領域都是一致的，不會再有領域或學門的區隔。區隔是人的頭腦不斷運作，不斷地分別，認為領域和領域不一樣。然而，種種分別都是一時的。走到最後，全部會合一。也就是說，醫學不離哲學，哲學不離科學，自然科學也不會離開社會人文科學，都是幾面一體。

從我的角度應該有一個領域、一個觀念、一個共同的連結能把全部貫通起來，把人類的智慧連起來。這樣的連結就是中道。

中道，是所有大聖人領悟真實後對人間的表達，是**站在真實看一切**，不會落在人間的任何一個極端。從人間來看中道，也會認為反映出一種**中立性**。最重要的是，這種中立性是完全在真實，不落人間。不是極端，也不是人間的平均值，更不是人間的

普通或平庸。而中道既然反映真實，也就足以作為一個關鍵的連結，貫通全部的智慧。

我一開始就提到，中道是彌勒佛─基督意識的工具。未來佛、未來的基督不會離開科學、醫學和人類的任何領域。他們會整合一切，包括不同的宗教。而他們使用的工具，就是中道。

中道，是每一個人可以自己驗證的。這完全符合科學最嚴謹的基礎──重複性。一個原理如果是正確的，我們會在樣樣一再看見這個原理，而且不只我們，別人也會發現。

當然，剛開始可能只有少數人可以驗證，但這方面的發現達到一定的關鍵量（critical mass）就不一樣了。這個原理不會再局限於少數人，不再受民族、文化或文明的限制，而是會普及化，讓人認為是理所當然，是生命最普遍的體會。

對我來說，中道一方面既與修行和靈性層面相關，另一方面又是最科學化的。

我非常有把握，透過《中道》，我們可以幫助自己準備接受未來佛與未來基督的唯識與妙勝智，來面對人類下一個發展的境界，不然我不會出來推廣全部生命、唯識與中道。

這些推廣表面上好像遠離了我過去在醫學、科學、教育、企業經營的專業，但對我其實沒離開過。我充滿信心，明白中道是未來共通的語言，是人類發展的方向。是這樣，我才會投入大

量的時間與心力,採用各式各樣的工具和作品,來進行這項原本難以想像的大工程。

02
歷史會重複自己

　　人類為主、地球為主，是一種自我中心的想像。事實上，我們離不開整體。人類並不是浩瀚宇宙唯一的存在，不可能不受大環境的影響。

　　我在《轉捩點》提過類似的觀念，用氣候變遷來說明不光是人類活動會影響氣候，更大的波動例如太陽週期、宇宙射線也在作用，甚至影響更大、更深遠。氣候變遷、太陽黑子、地震、火山、冰河等自然現象有它的模式，而人類歷史也無法免於自然轉變的影響。我們去比對人類歷史，不光華人的朝代，世界主要文明改換的時機都和冰河期、天災、饑荒脫離不了關係。

　　一切都有模式可循，就連人自認獨一無二的個性也離不開固定的幾組人格類型。現代人很熟悉的 16 型人格，也就是從心理學家榮格的理論衍生的 MBTI（邁爾斯—布里格斯性格分類法）心理測驗，不就說明了無論我們自以為多獨特，其實個性還是落在一些重複的模式，完全是預測得來的。

我在洛克菲勒大學的同學薩波斯基（Robert Sapolsky）是神經內分泌學專家，在非洲長期進行靈長類社會行為觀察。他用非常生動的方式來說明壓力反應，寫下暢銷全球的科普書《為什麼斑馬不會得胃潰瘍》。2023 年底，他從生化研究的角度出發，完成了新的作品 Determined: A Science of Life without Free Will（《命定：沒有自由意志的科學》），主要觀點就是：「一切都是註定的」。

命定或註定，只是不同譯詞的選擇，意思是「早已決定」。然而，薩波斯基所側重的和我在全部生命系列想表達的並不在同一個層面。他講的註定偏重在生命的物質層面，用生理化學反應的路徑來說明，生物的「動」離不開最根本的化學和物理機制，並透過基因的遺傳將所有可能的動態和變化寫定在細胞裡，而在環境影響下有不同的開展和表現。我所談的註定，則是在比物質更微細的層面，也就是在意識的層面，一切早已註定。

註定，是我們發展靈性路上非常重要的觀念。我會在後面進一步打開。

過去有兩位美國作家史特勞斯（William Strauss）以及侯伊（Neil Howe）寫過一本書 The Fourth Turning（暫譯《第四度轉向》）用四季變化來描述人類社會的轉變。在社會、政治和經濟「氣候」的影響下，大約 21 年算一個世代。百年左右會有一個

大週期，就像四季週而復始。

　　人類熬過肅殺寒冷的嚴冬，面對眼前正要發出的新芽，心中充滿理想，祈盼一切都會好轉，社會也逐漸繁榮起來，這就像春天和夏天。接下來，對於現況的不滿逐漸浮現，社會與個人的價值觀念不一致的情況愈來愈強烈，就像大自然進入秋天，一點點出現衰敗的徵兆。最後，重大危機再次浮現，來終結這個場面。重大的危機可能是災難或戰爭，例如當年的第二次世界大戰、美國的南北戰爭。舊的秩序結構被破壞殆盡，就像冬天了無生機。

　　他們的「史侯世代理論」認為，人類歷史就是這樣週期性的循環，而現在的處境已經走到冬天，充滿動盪和危機。我們身處其中，每個人都感到前所未有的孤寂。環境愈混亂，人愈想走自己的路，只依循自己的指南針和方向，不想符合別人的眼光。

　　破壞到了最深，面對滿目瘡痍，人類只好讓一切重新來過。然而舊秩序的破壞，同時含著新局面的可能。如果地球面臨一場全球的危機，比如核浩劫、外星生命來接觸、全球火山連續爆發……面對共同的生存，國家、個人、文化、左派和右派再大的分歧都會顯得微不足道，而可能放下過去的隔閡，展開新的合作和理解。

　　談到未來，許多人還是樂觀的。特別新時代的思想，幾十年都在說未來是黃金時代，就連我自己也說過「啟蒙的黃金時代」

或「黃金光明盛世」（the golden age of enlightenment）。沒說的是，黃金時代前會有大亂甚至災難。我們所在的宇宙，從太陽、銀河系乃至遙遠的星系會受到各種影響，包括劇烈的輻射變化。這種宇宙量級的動盪，人類這麼渺小的存在不可能不被波及。

現在全世界看起來是處於高度緊張的狀態，好像到了歷史週期的秋冬，無論自然界或人類文明，舊秩序眼見隨時會崩壞。住在北美的人都會注意到，這些年加拿大和美國火災頻傳，好像最穩重的山林也鎮不住地底悶熱的騷動；亞洲和歐洲要不在打仗，要不就在戰爭的邊緣，反映既有的勢力也到了不惜代價要改變的臨界點。愈來愈多人意識到這會是災難的 10 年或 20 年，而我們有些人可能在有生之年親眼看到世界極大的轉變。

在一九八〇、一九九〇那個看起來美好、一切都往上走的時代，美籍日裔學者福山（Francis Fukuyama）認為人類歷史已經抵達發展的巔峰，而西方當時的制度就是人類長期尋求的解答，不可能被超越。當時不只他這麼認為，在時代樂觀的氣氛下，還有其他人提出「科學的終結」、「醫學的終結」等等類似的概念。但現在回頭看，這些「終結」不光顯得天真，甚至可笑。

像當代的社群媒體和科技對言論自由和人心的影響，都是福山當時難以想像的。特別在言論自由的層面，社群媒體讓每個人都有自己的發聲管道，可以得到一群聽眾互相交流，好像個人表

達的權利達到前所未有的高峰。只是同樣的技術進展，固然讓個人的話語權最大化，卻也可以變成監控、審查、壓制言論自由的工具。至於表面沒有壓制言論自由的地區，近乎不受控的言論也會反過來引發另一種現象：人對彼此產生反彈。

我們可以說這是一種物極必反，脫不開一種週期的作用。大量交流，人會發現自己的想法和感受跟別人並不符合。這使得人開始內向，變得孤立。美國學者普特南（Robert Putnam）在 Bowling Alone（暫譯《獨自保齡球：美國社區的崩潰與復興》）描述過──連打保齡球都寧願一個人自己去進行。精神科醫師派克（Morgan Scott Peck）的暢銷書《少有人走的路》（The Road Less Traveled）也探討這種集體的心理變化。近年在東亞更是出現了年輕人只願意最小範圍地活著，能不接觸社會就不接觸的「宅」或「躺平」等現象。整體看來，很多人的注意往內轉，變得孤獨。是這樣，我才會進行全部生命系列的寫作。

回到我們的主題：既然一切是無常，歷史會重複自己，我們又該如何因應？明白了歷史自我重複的模式，我們會發現未來的答案要往過去找。

我認為最有意思的是，哲學家停留在現象的描述卻不提供出路，讓我們花一生的時間去讀數不清的哲學作品，也可能找不到答案。

但哲學家給不出的解決方案，往往在宗教傳承可以找到，尤其是東方的智慧——亞洲、中東、古希臘等地的傳承。為什麼我要提出彌勒佛—基督意識的妙勝智？因為我們可以從中找到一個全面的解決方案，而且出自一個未曾中斷的傳承。在所有的解答裡，中道一直在等著我們，它是全部大法門的總結，是靈性修行的彙總。

我們正處在一個充滿危機、災難和轉捩點的時刻，人類歷史、太陽系、銀河系、宇宙的週期循環都到了一個大的合相點（great conjunction）。我認為時機正好，所有條件都到齊了，準備讓我們徹底進行內心的轉變。

中道，本身可以給我們一個緩衝，幫我們爭取時間。從中道再延伸到任何法門，則是很自然可以做到，也是最順的方式。

03
最古老、最完整的靈性傳承

從我的角度來看，全球文明最古老的靈性法門或傳承，無論起源地在中國、印度還是中東，都與中道有關。就連後來的不二論，一樣離不開中道。

前面提到，**中道是站在真實面對世界**。哲學家對真實與世界、絕對和相對的關係有許多探討和詮釋，但通常不提供解答。尋求解答的過程一般被歸入修行的領域，而被宗教和靈性領域的聖人傳承下來。

在宗教和靈性執行的領域，中道的中立性反映在兩個層面：一個是臣服，也就是把自己交給更大的力量、更大的智慧；另外，就是觀、觀察、見證——或說參。

我們臣服到底，什麼都可以接受，或什麼都可以交出去，也就可能發現臣服到最後還有一種根本的、源頭的聰明（Source Intelligence），也可以說是一種本能。我們清清楚楚落在這本能、落在這觀察的機制——就叫做參。這也是六祖當時講的禪、

印度不二論談的 Self-inquiry。

釋迦牟尼佛的止與觀,也是一樣的。觀察到最後,我們自然會臣服。我們集中注意,也能專注到入定。最後,我們與這個最基礎的本能合一。然而,我們的注意稍微有一點搖動,從意識延伸出來一點點,那時候就連最小的動態也會非常清楚。我後面會用「在的瑜伽」來解釋。最清楚時看得一目了然,就知道從這最根本的本能延伸的一些化身或現象,我們自然走上參的軌道。

在執行的層面再具體一點來談,也就是我們**透過每一個念頭、每一個觀察、每一個覺察不斷回轉到自己**。

我們用五個感官的**覺察**,加上**感受、念頭**,三者合一,可以為自己描述出全部的現象世界,而且對樣樣得到一些解釋。然而,這些機制和產物仍然是外在,就連我們一般人認為在內心的感受和念頭都是外在,都不是真實的自己。

懂了這一點,我們很容易徹底想通,沒有顧慮,將注意全部回轉到自己,回轉到內心,回轉到沒辦法再回轉的地方,也就滑回到根本的聰明。

這個機制,在彌勒佛的大系統裡,會再加上一點**正向的回轉,或說友善的中立性**,安慰頭腦和身心,讓人可以歡喜地進行。這就是我們在講的中道。

中道,不是在現象和人間,不是在這有限、二元對立的軌

道,而是在無色無形、永恆、無限大的軌道。

　　接下來,我先帶出一個中道的練習。

 **練習：從中道，一路到臣服與參**

　　我們的練習是很簡單的，不講究一定要用什麼姿勢或限定什麼時間，最重要的是在一種最放鬆、最適應的狀態來進行。

　　首先，找個舒舒服服的姿勢，坐著躺著都可以。身體放鬆，我們把體重沉下去，讓下方的支撐浮上來，就好像跟下面的座位、床、沙發或地板、地毯做一種交換。

　　無論交換的是什麼，也許是能量，也許是一種安全感，也許是一種休息的感受⋯⋯我們可以用一種歡迎、肯定、友善、感恩的態度來接待它。

　　心裡有雜念，一樣友善地接待它。

　　感覺到一種膨脹感，也友善地接待。

　　體會到呼吸、身體的動，我們知道，也友善地歡迎它。

　　無論什麼來到眼前，來到心中，讓我們注意到，最多用一種友善的肯定來接待，來歡迎，來感恩。

　　任何念頭，任何動態，包括呼吸、身體感受、氣或光帶來的動態，我們都可以用快樂的態度來接待。

　　就是連念頭、感受都沒有了，透過每一口呼吸，我們依然可以活出快樂，讓這種快樂和友善貫通一切。

到最後，我們根本連練習都懶，連注意到這個現象或那個現象都懶得去區隔。不知不覺，也就從注意進入到觀——中立的觀，直接的覺，單純的在。

我們懶得知道身體有沒有氣流或光流，懶得去管有沒有呼吸，懶得注意身體有沒有暢通。意識到任何變化，我們最多是回到覺，回到自己，回到心。

說回到心，也不是有個中心在觀察，在體會。我們可以把最後一點緊張都解散，讓它輕輕鬆鬆擴大，放鬆，消失。

過去，我們站在無明，隨時有什麼值得去注意，而好像有一種聰明、一個主體在觀察世界，衍生好多的因—果、觀念、人生的劇本、修行的步驟……

我們透過友善的觀，也就是友善的中立性，只是又快樂，又舒暢，又放鬆，隨時自在，活出臣服。

臣服，最多只是輕輕鬆鬆同時清清楚楚，隨時肯定真實。人間的現象隨時在動，隨時在改，隨時在變，只有不生不死的真實永遠是一樣的。

我們站到這種角度，會發現重點不是觀什麼，不是接待什麼。這個，已經模糊了，不重要。無論面對什麼，我們都只是透過一種友善的中立性，也就是用中道來接待。

我們在最安靜的時候，突然體會到還有一點主體在觀、在接

待、在歡迎、在肯定、在感恩。這個體是什麼？

無論有沒有一個問的形式，注意自然會回到這源頭。停留在這裡，就是參。

有念頭，我們只是輕鬆回轉，到這個沒辦法表達、不知道、但沒辦法解散的什麼。我們只是臣服到它，快樂地交給它，與它合一。

這是這一生真正靠得住，隨時都在的。人間任何發生不可能永恆，所有現象都是無常，會出現也會消失。只有這唯一的源頭，我也稱它為覺、在、觀，是真的，而且能永遠陪我們一起走下去。

04
釋迦牟尼佛珍貴的發現

接下來，我可能需要再把古人的觀念稍微打開。我們懂了中道，隨著個人的體會和領悟不斷加深，回頭看，會發現聖人早就為我們做了非常徹底的整合，而這些整合離不開中道，是站在真實看一切。

要談中道，我們不可能不談到釋迦牟尼佛的觀點。

在弟子留下來的紀錄裡，釋迦牟尼佛首先分享自己的經歷。他本來是王子，過著充分體會貪嗔癡的人生。無論生活的舒適或男女的享樂，他想要多少就可以得到多少，甚至多到將時間佔滿，淹沒全部的注意力。

突然間，生命給他一個缺口，讓他意識到這些人間的喜樂不會給他永恆的寧靜、無條件的快樂、跨越時─空的平安。

他開始過相反的生活，將人間的快樂完全斷除，不讓自己得到一點身體的舒適，甚至連最基本的需求都不去關注。不讓自己飲食、活動、睡覺……用各種苦修好像在懲罰自己，逼自己完全

把身體丟掉。

後來他發現，即使透過人間難以想像的苦修，靜坐的工夫到了最高的無想定（無思無想的三摩地 *nirvikalpa samadhi*）而得到超越的體會，仍然是一種人間的成就。既不是永恆，也不是無條件，和過去身體層面的快樂本質上是一樣的。

在人間，釋迦牟尼佛將享樂和苦修的兩個極端都經歷了，都不是真正的平安，真正的涅槃。不知不覺，他發現好像還有一個真實，不落在人間的兩個極端，也不落在人間的任何一個現象。它在世界之外，沒有接軌於相對的軌道，是一個超越的觀念。這就是我們這裡談的中道。

釋迦牟尼佛成道後最早的幾次分享，反映他站在真實的領悟以及將這些領悟和人間接軌的嘗試。他為眼前的人，將人間修行的經過歸納出苦、集、滅、道這四個基本的機制。後來的人稱為「四聖諦」。

換句話說，人生充滿了苦，包括生老病死、愛別離、怨憎會、求不得、五陰熾盛，而苦的本質是無法避免的。苦的來源即「集」，是人的欲望與執著的總和。煩惱與貪愛讓人持續輪迴，有生有死。若將苦的可能性消除（滅），斷除煩惱和欲望，人可以達到涅槃，脫離輪迴，而方法就是道。

從四聖諦的道諦，釋迦牟尼佛再進一步打開具體的修行方

法，也就是後來的佛教徒熟知的八正道，包括正見、正思維、正語、正業、正命、正精進、正念、正定——站在真實，有正確的理解和觀念、正確的想法和思考、正確的語言、正確的行為、正確的生活態度、正確的努力、正確的專注、正確的禪定。

釋迦牟尼佛在醒覺後最早的分享，透過八正道已經在談執行的層面。除了正確的理解、思考、表達、努力、專注和禪定，更離不開正確的行為和生活的態度，也就是波羅蜜（*pāramitā*）。後來流傳的論述，像小乘佛教、南傳佛教講正業（正確的行為），大乘佛教、漢傳佛教強調六度（布施、持戒、忍辱、精進、禪定、般若智慧；小乘則有十波羅蜜）也離不開行為。

我們的修行走到最後，如果無法從行為表達自身的領悟，那也只是在頭腦的邏輯裡打轉，充其量是理論層面的領悟。

有些朋友會將理解特別獨立開來，賦予獨一無二的重要性，認為最單純的真理只需要重視正確的理解。然而我們現在回頭看，就連釋迦牟尼佛醒覺後最新鮮的表達，都沒有小看正確的行為（正業）的重要性，而不是只談理解和領悟。

透過四聖諦、八正道，釋迦牟尼佛歸納個人醒覺之路的路標。透過中道，談的則是一個人站在醒覺、站在真實時，會怎麼看世界，而看到的世界又是什麼。

釋迦牟尼佛談波羅蜜到最後，更進一步點出般若波羅蜜

（*Prajnaparamita*），也就是智慧的重要。華人不見得知道《大般若經》，就算知道也可能因為篇幅非常大，很少人有機會從頭到尾讀完，但一定知道《心經》和《金剛經》，甚至會當作每天朗誦的功課。

這兩部經都是《大般若經》的濃縮，強調「空性」的觀念——《心經》提出「色即是空，空即是色」，而《金剛經》強調無住生心，徹底破除一切執著。這些教法成熟到一個地步，連一點點都不讓我們去抓——沒有什麼正確的看法，也沒有什麼正確的念頭。一切——空與有，是兩面一體，沒有什麼叫做人間所講的空。人間所講的空，是一種人為的觀念，是頭腦的產物，是人做出空或有的分別。

釋迦牟尼佛到最後所談的，就是中道。他所講的不在這世界，不在人間，不在這相對的層面，而是在絕對的層面。

也就是我一再說的，從真實，看著人間。

05
《心經》的彙總

　　中道，站在真實看著人間，一切沒有矛盾。在人間，沒有任何一件事非怎樣不可。絕對的真實，和人間的種種現象沒有任何衝突，但它又在不同的意識軌道，不是我們透過現象的世界可以去取得、去掌握。

　　這一點，道理非常單純，但對於認定現象世界就是唯一的頭腦，可能非常難懂。這時候，與其想不通，我常常跟朋友說，不如一起輕輕鬆鬆讀《心經》。

　　《心經》260字，是釋迦牟尼佛留下來的《大般若經》最核心、最濃縮的一部經，將不同的意識軌道表達得清清楚楚，可以說是中道最單純的彙總，也為人間所有的修行，包括佛教、道家、儒家、古希臘哲學、印度不二論等等做了一個大的整合。

　　三十多年前，我在紐約時常見到聖嚴法師。他在皇后區一個很簡樸的道場帶大家念經、辦禪七、禪三。身邊的弟子有華人，也有美國人。

那段時間，我在臺灣還沒有太重的責任，倆人時常在紐約碰面。我也協助他進行一些項目，包括文章和作品的翻譯。其中，聖嚴法師和弟子一起翻譯的《心經》，可能是我見過最質樸而優美的版本。

這裡，我們一起讀唐朝玄奘法師的中文翻譯和現代聖嚴法師的英文翻譯，也讓我做一點個人的分享：

> 觀自在菩薩，行深般若波羅蜜多時，照見五蘊皆空，度一切苦厄。
>
> When the Bodhisattva Avalokitesvara was coursing in the deep Prajnaparamita, he perceived that all five skandhas are empty, thereby transcending all sufferings.
>
> 舍利子，色不異空，空不異色；色即是空，空即是色。受、想、行、識，亦復如是。
>
> Sariputra, form is not other than emptiness and emptiness not other than form. Form is precisely emptiness and emptiness precisely form. So also are sensation, perception, volition and consciousness.

《心經》的描述主要集中在五蘊：色、受、想、行、識。五蘊有人譯作「五聚」或「五陰」，也就是我們在有色有形的世界

可以看到的特質,在相對層面累積出來的印象。

> 色,form,是從知覺得到的資訊。
> 受,sensation,從身體產生的訊息。
> 想,perception,也就是我們怎麼組合這世界。
> 行,volition,微細的動力。例如念頭會浮出來,會消失,有生有死。
> 識,consciousness,這裡所談的識還不是意識海或最終絕對的層面,而是人間很微細的意識。

說「照見五蘊皆空」,而五蘊所含的範圍——色、受、想、行、識,從具體到微細涵蓋了現象層面的所有可能,也就是釋迦牟尼佛不讓我們的頭腦去捕捉任何東西,連一點點意識都不要去抓。最後一點點都要放掉,都要空掉。

一切走到最後是空的,這裡的「空」還不是絕對,而是「沒有」——假如我們將色、受、想、行、識追根究柢,走到最後會發現並沒有永恆的本質。既然現象、特質、蘊都是空的,也可以說其實沒有現象、沒有特質、沒有蘊。無論它含有什麼意義,含有什麼屬性或品質,一切是空的。

一般人會以為,修行就是在有色有形的世界不斷累積努力,而把頓悟、醒覺當作是努力到最後的一種特殊成就。如果是

這樣，也就很難懂什麼是五蘊皆空，甚至完全往相反的方向走：在五蘊的層面不斷想抓住一點成就、一點進展、一點悟性、一點境界、一點印象。然而，這只是白費力氣，可以說是耽誤自己。

我透過全部生命系列的作品不斷強調，事實是完全相反——我們在相對（有形有相的世界）的任何作為，無法抵達絕對（無形無相、空）。不是我們去取得「空」，而是「空」來空掉我們。

「空」的雙重意思，對於停留在現象世界的頭腦，可以說是最難懂的。除了混淆「沒有」和「絕對」之外，也往往會把「空」轉化成一種空靈的印象，去期待，去捕捉。

我們可以想到的，沒有一樣東西有什麼真實不變的本質，但把它當作「沒有」也不正確。一般人講空，認為是「沒有」、「不是」，這是從二元式的觀念延伸而來的想像，並不是《心經》後面所談的空。

釋迦牟尼佛才說「照見五蘊皆空」一切是空，馬上就補充「色不異空，空不異色；色即是空，空即是色。受想行識，亦復如是」——全部的有形有相，都是空，但空也可以講是滿。

「照見五蘊皆空」所表達的正是我們老實修行中道會走到的：簡化再簡化，把一切人間的標籤、頭腦的觀念擺開，走到最後剩下什麼呢？我們臣服到最後，只剩下臣服和參。然後，我們繼續臣服、繼續參，會體會到，首先一切會變成空的，接下來會

發現，空還只是真實的一個面向。空，允許有。空和有，是兩面一體。

舍利子，是諸法空相，不生不滅，不垢不淨，不增不減。

Sariputra, this voidness of all dharmas is not born, not destroyed, not impure, not pure, does not increase or decrease.

是故空中無色，無受、想、行、識；無眼、耳、鼻、舌、身、意；無色、聲、香、味、觸、法；無眼界，乃至無意識界；無無明，亦無無明盡；乃至無老死，亦無老死盡。無苦、集、滅、道，無智亦無得。

In voidness there is no form, and no sensation, perception, volition or consciousness; no eye, ear, nose, tongue, body, mind; no sight, sound, smell, taste, touch, thought; there is no realm of the eye, all the way up to no realm of mental cognition. There is no ignorance and there is no ending of ignorance, through to no aging and death and no ending of aging and death. There is no suffering, no cause of suffering, no cessation of suffering, and no path. There is no wisdom or any attainment.

以無所得故，菩提薩埵，依般若波羅蜜多故，心無罣礙。無罣礙故，無有恐怖，遠離顛倒夢想，究竟涅

槃。

With nothing to attain, Bodhisattvas relying on Prajnaparamita have no obstructions in their minds. Having no obstructions, there is no fear and departing far from confusion and imaginings, they reach Ultimate Nirvana.

這是釋迦牟尼佛所講的 śūnyatā（空性），也是六祖在《壇經》描述的發現。首先，他體會到空。這種空是徹徹底底的空，好像腦筋突然劈開了，沒有邊際，沒有界限，就像沒有底的洞。

我在《全部的你》、《神聖的你》、《奇蹟》表達過，就好像一個人往下掉、往下滑，沒有東西可以擋住。一路空，空到底，這時卻發現一切從裡面爆發開來。包括萬物，包括所有可以想得到、體會到、摸得到的點點滴滴，都從裡頭延伸出來。有和空是兩面一體──空允許有；有也含著空。

人畢竟是局限組合的，頭腦也是局限，面對真實難免要抓一點觀念、捕捉一些看法，釋迦牟尼佛乾脆用各式各樣的方式來表達──色也是空，空也是色。到最後，空也是有，有也是空。

儘管空跟有不在同一個軌道，然而在另外一個軌道的空也可以延伸出一切，所以也沒有矛盾。這種表達，讓我們的頭腦沒有地方可以脫身，沒有地方可以再貼上一個標籤。頭腦沒辦法運

作，也就逐漸消失它的作用。

有跟空，是兩面一體。既然如此，我們面對一切，其實沒有任何一樣東西非怎樣不可。一切都好、宇宙不會犯錯⋯⋯這些話不光反映個人的領悟，更重要的是，它反映真實。

無論我們怎麼去想、去表達都會發現回到什麼？回到一體。

三世諸佛，依般若波羅蜜多故，得阿耨多羅三藐三菩提。

All past, present and future Buddhas, relying on Prajnaparamita, attain Anuttara-Samyak-Sambodhi.

故知般若波羅蜜多，是大神咒，是大明咒，是無上咒，是無等等咒，能除一切苦，真實不虛。故說般若波羅蜜多咒，即說咒曰：「揭諦、揭諦，波羅揭諦，波羅僧揭諦，菩提薩婆訶。」

Therefore, know that Prajnaparamita is the great mantra of power, the great mantra of wisdom, the supreme mantra, the unequalled mantra, which is able to remove all sufferings. It is real and not false. Therefore, recite the mantra of Prajnaparamita: *Gate gate pāragate pārasaṃgate bodhi svāhā.*

《心經》最後一段是說，般若波羅蜜多（空性的智慧）的威

力超越一切的咒語,足以破除一切苦的根源。我們懂了空性超越的智慧,站在真實看人間,也就是站在中道,明白一切沒有矛盾,我們本來就是醒覺,就是解脫,自然會浮出這樣的心情「揭諦、揭諦,波羅揭諦,波羅僧揭諦,菩提薩婆訶。」這句話,許多朋友都能隨時朗誦。但這是梵文的音譯,我們能讀,不見得知道它的意思。

原本的梵文是 *Gate gate pāragate pārasaṃgate bodhi svāhā*,我在國外則喜歡帶著朋友朗誦我的英文版翻譯—— Gone, gone, gone beyond, gone altogether beyond, O what an awakening, Hallelujah! ——解脫了,我們本來就是徹底解脫,完全解脫!多麼殊勝的醒覺!一起慶祝吧!

我們一起徹徹底底度過,但其實沒有度過什麼,是本來就已經度過,本來就已經醒覺,這一來,我們只可能歡喜,只可能讓大愛浮出來——**這種慶祝的味道,解脫的氣氛,是中道非常關鍵的特質。**

這一點,接下來我會再打開。

06
彌勒佛的唯識

釋迦牟尼佛在《心經》、《金剛經》的分享既簡單又深刻，可以讓我們直接體驗和驗證。

我常提到彌勒佛，許多朋友也在經典讀過釋迦牟尼佛說彌勒佛是未來的佛。這一點為什麼需要特別強調？在此，我也分享自己的觀點：

釋迦牟尼佛的分享，是從人在世界的存有出發，一點一滴推進：人生是苦，我們要了解什麼是苦。然後，苦的來源是什麼？是煩惱。煩惱是怎麼來的？一步一步地解答，從最粗重的有形有相，走到最微細的無形無相。

到了彌勒佛，他不再重複釋迦牟尼佛所談的。那是基礎，他不再重複了。彌勒佛直接切入「一切是意識」，連物質都是意識延伸的，而且是在意識內延伸，一切延伸的本身還是意識的產物。無論我們用什麼方法去衡量，仍然是意識。一切是意識，出自意識。唯識，從開始到最後，都是意識，也只有意識。

彌勒佛站在釋迦牟尼佛的基礎上，用截然不同的切入點來表達——一切是意識為主，是唯識。唯識，也可以說是徹底的中道，徹底站在真實、在意識看一切。未來的基督也是如此，他會整合所有的宗教與哲學，包括人曾經有過的科學、領悟、機制、學問，全部都整合起來。「唯識」就是彌勒佛—基督意識所表達的中道。

　　我相信，關於中道，我們可能沒有聽過這樣的整合。

　　龍樹菩薩的《中論》（*Mūlamadhyamakakārikā*），一般被公認是講中道重要的作品。他在《中論》〈觀因緣品第一〉「能說是因緣，善滅諸戲論」就對自己論述的出發點講得非常清楚。他是用一種邏輯的方式，將釋迦牟尼佛最早期的分享重新表達，希望能和其他的學派對話。當時有些派別認為，每個人或事物的「小我」還有個本體，而龍樹菩薩的目的是想表達：連「小我」也空無一物，是空到底。

　　但我感覺龍樹菩薩分析釋迦牟尼佛早期講的中道，主要是一種學者間的辯論和說服。後來西藏和印度的學者對《中論》留下了許多評論和解釋，這些論述也大多跟隨龍樹菩薩的方式，用理性和頭腦來分析，將中道變得很理論化。再加上現代人閱讀古文普遍有困難，從我的角度來看，這些分析的幫助不大，甚至讀懂了還反而可能成為修行的障礙。

談中道，我需要一再強調的是：中道並不是在頭腦的層面取一個中點或平均，也不是一個妥協。它不是人間的觀念，用哲學分析是無法真正理解的。從《中論》衍生的討論最多只能作為一個理論基礎，但這理論基礎並不完整，它依賴頭腦來理解，而頭腦本身也是空的。

　　回頭看，釋迦牟尼佛分享他個人用生命驗證的經過，從想要什麼就有什麼的尊貴王子，到幾乎是虐待身心的流浪苦行僧，兩個極端他都體驗過，然後發現都不是——都不是真實。在人間，不光現象的極端不能代表真實，就算將種種現象取一個平均值，或將最偏的極端東折西扣取一個折衷，都不能代表真實。

　　真實，超越一切。中道，也不屬於這個世界。

　　釋迦牟尼佛的偉大之處，在於他一方面從人和世界的角度出發，同時還包括了超越的層面，而且將空性、智慧、般若打開得非常清楚。彌勒佛更不用說，他所談的中道，也就是唯識，直接從意識來切入。

　　唯識，一切都是意識，只有意識，還需要什麼額外的聲明、額外的修行、額外的存在、額外的理解、額外的開悟、額外的真實？

　　徹底貫通，也就為我們自己省下無數的工夫。

07
中道，看著人間，不落在人間

中道或唯識為什麼那麼重要？為什麼彌勒佛、基督的妙勝智如此重要？

重點在於，唯識的前提是從意識出發。換句話說，它不是從世界出發，也不是從粗重一步一步走到微細、到沒有、到空。它是直接跳到最微細的意識層面，當然，意識裡面還是空，如《心經》所講的。

從唯識的角度來談，從意識延伸一切，而一切還是在意識內發生，所延伸的全部都是意識的東西。就連我們衡量的工具也還是意識。源頭、產物、過程三者是同一個意識，也可以說是三合一。用這種前提來理解，既簡單，又有效率，為我們節省了不知多少時間，可能不止一輩子，而是無數的輩子。

這樣子，我們才有一個很清楚、很明白的基礎，可以站在這微細的意識層面上看世界，比較容易理解從裡面延伸的現象還是空、還是意識。不然我們反過來從物質層面、密度比較重的層面

出發，那是繞不完的。

就像我前面講的，中道的觀念並不是在這個時—空，也不是比較得來的——既不是時間與時間之間哪一個點在比較，不是空間與空間之間的比較，更不是從空間的一個特殊的點跳到過去或未來。我們用時—空來表達，它的基礎永遠在浮動，是怎麼也講不完的。

這個時—空的框架是在一個封閉的幻覺裡運作，只有透過唯識，我們才突然跳出這個封閉的幻覺。就像我之前用哥德爾定理所比喻的，只有站在系統之外，在更高、更大、更完整的層面看這個世界，看這個時—空，才能跳脫這個封閉的幻覺，省掉一生又一世的時間。

它的出發點完全不同。它的前提站在意識層面，表達的一切也是意識。從頭到尾、每一個角落，都是意識。

我才會講，唯識、中道，可以包容所有過去的大法門。

08
整體包括相對和絕對
Nama, Rupa, Sat, Chit, Ananda

中道,站在真實,也就可以貫通各種古人的智慧。

吠檀多派(*Vedanta*)整合了印度《奧義書》(*Upanishads*)大量修行的經典,對最終的現實、最終的真實有自己完整的表達。它用 *Nama, Rupa, Sat, Chit, Ananda* 從相對走到絕對,來表達整體,表達全部。

Nama 名,是我們為了分別萬事萬物,而為一個概念、一個人、一個什麼指出名稱。*Rupa* 形,是形狀、形相或是《心經》提到的「色」。而從 *Nama, Rupa* 名和相,自然延伸到 *Sat, Chit, Ananda* 在—覺—樂。

《心經》講五蘊皆空、吠檀多派從比較具體的 *Nama* 名、名稱、標籤,*Rupa* 有形有相,講到很微細的 *Sat, Chit, Ananda*,除了用這種方式來表達現象世界和宇宙,還用 *Brahma* 梵、梵天來表達絕對的層面。梵,相當於造物主、一切的源頭,也就是我現

在用唯一的同一個意識（One and Only One Consciousness）所表達的。

　　從唯識的角度出發，就會發現用空和有、有和沒有來談，反而不那麼正確。連釋迦牟尼佛都還要去補充空不是沒有，而有形有相的也不是有──有，有空；而空，也有有。空和有，是一體兩面。

　　這就是彌勒佛─基督的妙勝智和唯識偉大的地方，站在「一切唯識」的前提，一切都是意識，都是從唯一的同一個意識延伸出來，反而能把所有的說明都包容起來。

　　我們無論用什麼名稱去表達，還是意識所組合的。是在意識內，從意識場延伸的。延伸的任何東西，離不開意識。就連我們要去研究、去衡量、給個名字、下個標籤、做比較、當作量測的基準和工具……仍然是從意識延伸，還是離不開意識。

　　從出發點、工具、過程、數據到結論，全部都是意識的東西，意識的產物。

　　一路都是意識，意識到底。

　　這就是中道。從意識延伸出來的現象，最多也只是回轉到最源頭的聰明，也就是意識。我們徹底回轉到自己，智慧也徹底打開了。我們參通到底，會發現《心經》和吠檀多派從頭到尾都是對的。然而即使我們還沒有參通，光是有這樣的信心──對釋迦

牟尼佛、吠檀多派和所有的大聖人有信心，而且充滿了決心，這一來眼前任何困難都可以當作工具、當作燃料。困難愈大，回轉的力量也愈大。

《心經》也好，吠檀多派或過去的大法門也好，我們走到最後，就會走到唯識，走到妙勝智，這就是《心經》和吠檀多派想表達的重點。而這一生，我們也只是等著透過中道來親自體驗這些，但體驗的方式不是透過五官、不是一般所講的「體驗」可以捕捉到的。

只要我們採用中道，規規矩矩地走，走到最後，自然會體會到《心經》想表達的。而且這種體會不是一種理論，它就像一道門、一層膜被撕開了。本來我們被遮住，看不到。突然這種隔閡被劈開了，我們體會到從 Nama, Rupa 名相到 Sat, Chit, Ananda 在一覺一樂完全沒有矛盾。

我們走到最後會發現什麼都有、什麼都沒有，而不再需要符合二元式、兩極化的限制來幫助自己跳開人間。畢竟一旦跳出來，會發現這是另一個絕對的軌道，是沒辦法用語言去表達的。《心經》所講的「色不異空，空不異色；色即是空，空即是色。」吠檀多派講的 Nama, Rupa, Sat, Chit, Ananda 是最自然的後果。從最粗重的相對，到最微細的絕對，一點矛盾都沒有。

過去的顧慮，也全部消失了。

09
蘇格拉底辯證法、*Neti Neti* 到中道

　　真實是相通的。西方的聖人像蘇格拉底（Socrates，西元前 470 年—前 399 年）所談的也離不開中道，離不開真實。

　　有一個現象相當普遍，聖人體悟了真實，明白語言和文字最多是真實蒼白的影子，沒有什麼代表性，當然不會著重於留下作品，最多是對身邊的人做一點當下的提醒。但弟子還是會試著去抄寫、去記錄、去傳話，也就不免將真實落在各自理解的範圍。

　　蘇格拉底沒有自己留下作品，我們現在所知道的，包括他是怎樣的人、說過什麼話、用什麼方式引導學生……都是透過他的學生柏拉圖（Plato，西元前 429 年—前 347 年），以及色諾芬（Xenophon，西元前 427 年—前 355 年）轉述得來的印象。

　　從柏拉圖《對話錄》最有名的《申辯篇》、《理想國》、《美諾篇》，我們可以看到弟子記錄下來蘇格拉底在法庭為自己辯護、和人討論正義的本質、探討美德是否可以透過傳授而取得……的種種經過。

這些對話的共同特色是，蘇格拉底會透過不斷提問和推論，帶領對話者探索眼前的主題：

1. **提問**：蘇格拉底會提出一個問題，通常是關於道德、正義、美德……這類抽象的概念，請對方提出他認為正確的定義。
2. **反問**：對方給出答案後，蘇格拉底會進一步提問，反映出思路的矛盾或不一致，讓對方重新思考自己的觀點。
3. **重新定義**：經過一輪又一輪的問答，對話的人會不斷修正自己的說法，才能避開原本的矛盾、限制和錯誤。

這過程熟練了，我們不見得需要跟一個具體的人進行對話，而是可以在內心自己提問、自己反問、自己重新定義，透過重複的自問自答，將原本狹窄的想法打開。

我們可能會問，將原本的想法打開，要打開到哪裡？

其實，蘇格拉底辯證法並不是去得到一個絕對不會錯的真理，更不是為某個立場或答案辯護。仔細看，蘇格拉底辯證法，是透過一層一層的反問，讓我們原本抓得很緊的論點開始顯得充滿矛盾，好像不是那麼理性。

它是一種方法，透過問答讓人體會到——這個立場也不是，另外一個立場也不是，都有它的前提和限制，而不是一個完整全面且妥當的解答。

舉例來說，歐美的社會一直有兩大思想，一般人稱為左派和右派。左派也稱為自由派，比較重視要保護人與生俱來應有的權利。右派又稱保守派，主張的是人透過自己努力所得到的，應該要獲得法律和規範的保障。

從左派和右派兩個基本差異，在各個社會議題也就延伸出各種不同的意見。例如左派可能主張政府應該提供弱勢福利，對富人收更高的稅，而右派認為政府應該減少對人民財產的干預……左右派的爭執在歐美沒有停止過，而且滲透到生活的每一個角落，從稅制、法律、社會福利、移民政策、到教育、文學、藝術、戲劇、電影、音樂、宗教……都可以看到這兩種不同思想的展現。

左右派的爭議累積到現在，已經出現一種現象，也就是左右派不是個人經過理性思考的價值選擇，很多人是繼承了家庭或族群的立場，沒有質疑過自己的主張。也因為如此，許多公共議題愈來愈沒有討論的空間，對立愈來愈強烈，充滿了反射式的激烈反對或支持，而不同意見之間幾乎沒有交流的可能。

要軟化這樣的對立，促進公眾事務的討論，蘇格拉底辯證法是非常好的工具。

我再舉一個實例，也許從這樣的問題開始：什麼是公平？

我們可能回答：公平是讓每個人都有工作、公平是讓每個人

的努力都得到回報、公平是每個人都得到一樣的酬勞、公平是每個人要完成同樣的工作量⋯⋯每個人有不同的答覆，而答覆反映了我們當時看重、所站的基礎，甚至反映個人的社會階級、性別、年齡、世代⋯⋯但有意思的是，不經過進一步反問，人幾乎意識不到自己的聲明是帶有前提和限制的，而可能以為自己的觀點有全面的代表性。

也許接下來我們可以反問：如果不是每個人都適合工作，那會如何？

這時候我們可能會愣住，開始意識到不是每個人都和自己想的一樣，也許有些人不能工作、不想工作、工作不來、做的不是適合的工作、或者在財務上根本不需要工作⋯⋯那麼，從工作來談公平，真的是公平嗎？

就這樣，我們本來固定的看法開始動搖，再一層一層問下去，不斷挑戰自己原本的觀念，面對「如果我想錯了，會如何？」人將注意從「我一定是對的」挪開，將原本相信、沒有質疑過的一一攤開來檢視，發現事實可能根本跟自己想的不一樣，而可以敞開心胸，放掉原本的堅持，從新的層面去檢驗一個說法或觀念。

用這種方法，讓我們發現，自己本來認為是對的，不見得是對的，即使我們又下了新的結論，連那個結論也不那麼對。一直

用這種方法來探討，不斷追根究柢，我們逐漸會明白，沒有一個結論是完全正確的。

早晚，我們會問自己，那什麼才是對的？

這就是重點。我們在潛意識、在心中本來有一個天生的「對」的觀念，是這個「對」引導我們走這一生。然而，我們生到地球，制約太重，腦海不斷累積個人的經驗，塞進更多家族、社會、歷史、別人的經驗。就這樣，我們用一生所經過的，把內心本來有的指南針給蓋住、給模糊、給扭曲掉了。

如果我們透過一層一層的自我反問，就像剝洋蔥一片又一片地剝，發現這個也不對，那個也不對，而都可以放掉，那麼，*neti neti* 的味道就出來了。

Neti neti 就是梵文的「不是、不是」──這個不是，那個不是，那什麼是對的？

走到最後，我們會發現是一個最核心的聰明、最根本的聰明。只是把表面的雜訊剝掉，這個聰明自然會浮現。

透過蘇格拉底辯證法、*neti neti*，我們有機會從人間出發，走上中道而得到同樣的發現。但坦白講，要得到同樣的發現，離不開一個完整的理論基礎，而這基礎還是中道。

後來很多研究蘇格拉底辯證法的學者，認為人間就是全部，而把辯證法完全當作一種人間辯論的邏輯、一種哲學的武

器。他們以為重點在於可以拿來聲明什麼是對、什麼是錯,有些人甚至認為如果用得好,就可以讓自己在辯論時不會輸掉。

他自己沒有親身的體驗,也就把蘇格拉底辯證法當作在人間相對的尺寸取得一個綜合、折衷或平均,以為這樣「比較不會錯」,而透過一次又一次的「比較不錯」,就可以得到一個「絕對的對」。

我認為這種詮釋完全是錯的。蘇格拉底想引導的並不是一個「對」的結論,也不是讓人證明自己是對的。他所重視的,甚至和人間認定的道德與倫理無關,而是在更深的層面,並不是我們在人間可以看到、摸到、想到的。

就像前面強調過的,他的辯證法是剝掉我們觀念、想法和邏輯裡的「不是」或「不對」,也就是 neti neti。是這樣,我才會將蘇格拉底辯證法提出做一點說明。

我在寫這一章的時候,和我一起寫作的同仁陳夢怡,也提供了一種從人間出發的觀點,我相信能引發一些朋友的共鳴,也請她在這裡分享。

另一種表達

陳夢怡

過去我對辯證法的理解只停留在字面，以為它是一種教人講話的學問。再加上在生活常觀察到一種荒謬的現象，好像有些人特別喜歡辯論，而且總要爭出一個對或錯，似乎講對、講贏就能反映他的強大。既然如此，這方面的學問引不起我的興趣。

但是我反觀自己的生命也會發現，這小我的存在也是一樣的，隨時在爭辯自己是對的。而且，是站在某一個基礎、一個平台聲明自己是對的。

我的每句話、每個反應或情緒、每個想法、每個主張——有時候站在一個小孩子的基礎，有時候站在一個受害者的基礎，有時候站在一個女人的基礎，有時候站在某一種社會階層的基礎。而這身心會蒙蔽自己，認為這個基礎就是對的，是全部，根本不會想去質疑。

我是在看一些公共議題的討論時，突然意識到這一點的。

許多人的表達讓我非常驚訝，也許是不可思議的狹窄、不知哪裡來的理直氣壯、或很明顯在爭取情緒面的支持而沒有就事論

事,怎麼討論也很難得出共識。我注意到,他們之所以有某種表達是站在他的社會階層、社會地位、養成背景、性別、某個他認為理所當然的前提。

當我意識到別人講話是基於他的基礎時,我也突然意識到自己的認知也有某個基礎。突然之間,這個基礎就不那麼重要,開始搖搖欲墜。我的身心會比較放鬆,但念頭還沒有止息,只是落到一個比較安靜、比較不計較、比較不在意對錯的暫時的基礎,但還是一個基礎。例如,我還是一個人,還是一個生命,還是一個良心,還是一個特別容易被某些議題或群體勾動的普通人⋯⋯

有時候,我對某件事有很多想法和情緒,但達不到一種能解決事情的狀態,充滿了無效的思考。這時我也會意識到自己的注意像一顆球,在不同的界線間來回彈跳,撞到這裡又彈開,再撞到另一邊,再彈開。甚至有時候狀態不好,這界線好像逼得很緊,只留下很窄的空間,讓人的注意力僵固在這裡,卻找不到一個可以解開的出口,也意識不到自己的基礎或前提。

也有些時候,我能察覺自己會有某個理解、某種感受、某些強烈或不強烈的體會,都是站在某個基礎上。這時候,可以從這個基礎退開。但大腦會很快抓住一些更微細、更安全、還沒察覺

到的基礎，所以感覺好像還有東西。這種還有東西，就像《神聖的你》裡畫一隻貓掉下來還會去抓牆壁一樣，只是頭腦自然的機制。然而我這時候可以退一步做觀察，而不是陷入身心的自動反應跟著有更多情緒和思考，再也看不到邊。

　　寫這一章，突然讓我把全部生命系列作品採用的比喻，和我在生活裡的觀察和理解可以貫通起來。我才明白為什麼禪宗會用「桶底脫落」的比喻來描述徹徹底底的醒覺，也突然懂了楊博士為什麼在《奇蹟》講自由墜落，就好像一個人不斷往下掉，一點基礎都沒有，來描述意識轉變的經過。

10
語言的悖論

前面提過，聖人知道語言文字的局限無法代表真實，但我們現在能夠讀到的也只是語言和文字的紀錄。經過了時代和語言的變遷，現代人對古人留下來的領悟，往往感覺有一種悖論和矛盾，也就是不懂。我透過全部生命系列的分享，正是希望能解開這種悖論，用中道的觀念徹底去理解。

巴門尼德（Parmenides of Elea，約西元前515年—前445年）是比蘇格拉底更早的古希臘哲學家。柏拉圖《對話錄》提過巴門尼德和另一位哲學家芝諾，在蘇格拉底的故鄉雅典曾經有一場重要的辯論。那時蘇格拉底才19歲，如果有機會見證，對當時的辯論一定也會有很深的印象。

當時的哲學家就像現在的科學家，對每個領域都好奇，觀察後做出自己的總結。巴門尼德留下一句名言：「只要有機會讓病人發燒，我就能治好他。（Give me a chance to create a fever and I will cure any disease.）」這句話聽起來違反常識，畢竟我們一般人

只想避免不舒服，怎麼還會故意讓病人發燒？但從免疫的專業來看，他指出了療癒的一個路徑——用適當的方法刺激病人的免疫系統，讓身體對入侵的病菌、病毒乃至於組織的失衡，來做一個修正。

對我來說，古人透過觀察和思考所得到的結論，到現在無數的分子生物學專家、生物化學專家、血液學專家、免疫專家還在驗證這些話。想想，真是不可思議。

前一章談蘇格拉底時已經提過，大聖人懂了真實反而不會想留下自己的作品，我們讀到的是學生捨不得不記錄下來的內容。這些內容相當珍貴，只是隔了一層意識的篩選，已經和大聖人的表達不一樣。

這種不一樣不只是個人能力、注意焦點或風格的不同，更多是一種根本性的限制——真實，無法用人間的語言來捕捉。如果我們非要用語言表達，必然會造出種種的矛盾，在意識上帶來一重阻礙或門檻。再怎麼去接近，還是不一樣。

巴門尼德比蘇格拉底年長得多，如果他們有機會互動，蘇格拉底可能是學生的角色。在我眼中，他們兩位所表達的境界很不同。哪裡不同？真實的通透度不同。除了醫學的智慧，巴門尼德還留下了一些一般人聽起來很玄的話。從我們現在的理解來看，他談的離不開真實，或者說，是對真實的識別與洞察：

我們只能談論和思考存在的事物。存在的，從來沒有被創造出來過，也不會消逝。因為它是圓滿、不變、完整。它過去和現在沒有不同，未來也不會和現在有所不同，它是一，持續不斷。

We can speak and think only of what exists. And what exists is uncreated and imperishable for it is whole and unchanging and complete. It was not or nor shall be different since it is now, all at once, one and continuous.

只留下一個故事，一條路：就是它。在這條路上，有許多路標表明──存在從來沒有被創造出來過，也不會消逝，是圓滿、獨特、不動搖而完整。

There is one story left, one road: that it is. And on this road there are very many signs that, being, is uncreated and imperishable, whole, unique, unwavering, and complete.

每一個東西的本質都是──沒有東西。
Every thing is of the nature of no thing.

探究的途徑也就是去思考：一、是的，不可能不是──這是說服的途徑（因為真理是它的伴侶）；二、不是的，也不應該是──我要對你們說，這是一條完全不可知的路。

The only roads of enquiry there are to think of: one, that it is and that it is not possible for it not to be, this is the path of persuasion (for truth is its companion); the other, that it is not and that it must not be - this I say to you is a path wholly unknowable.

只有存在是真,其他的都不是。一切是一。
Only being is real. All else is not. All is one.

這類的話,蘇格拉底談得比較少,但巴門尼德講的特別多。大多數人會感覺是一種悖論,而且是聽不懂的悖論。好像這樣講也對,那樣講也對。但有時候這樣講也不對,那樣講也不對。好像什麼都說了,又好像什麼都沒說。

這種矛盾的表達、矛盾的修辭在經典裡很容易讀到。只要它比較接近空性的智慧,像禪、像道家⋯⋯這些矛盾就很容易出現。像巴門尼德講只有存在是真,其他的都不是。一切是一。Only being is real. All else is not. All is one. 簡簡單單幾個字,已經在試著整合真實光譜的兩端(絕對和無色無形 vs. 相對的有色有形和人間)——只有無色無形是真的,而不屬於無色無形的,是無常,早晚會解散,但這兩端仍然是同一個真實。

巴門尼德所講的也是中道,是對真實做一個整合,只是換了另外一組詞彙。他提醒我們,重心不要只放在這個世界,也不是只從現象層面去著手。他試著把有形和無形、我們以為有的世界和真實,當作一種對稱來表達。

這種對稱，和我們習慣的現象世界並不在同一個層面。因此，用語言來表達，如果我們停留在相對的層面來理解，也就會帶出一些悖論。我們不能說它對，但也不能說它不對，再換一個方式來表達就顯得非常抽象，而頭腦會覺得是悖論。

這些話，我們試著用頭腦、理性、二元式的聰明是解不開的。頭腦本身是站在相對的層面來理解、來說明，而不可能掌握絕對。絕對，是無法用語言精確表達的，只要一落到語言，就落在人間相對的層面，而不成為絕對了。

再換一個角度來說，只要在物質和現象的層面，它本身就在一個封閉的系統裡，即使用盡各種微細複雜的感知、偵測、模擬、比喻、化現、成相、合成、表達，都不可能代表絕對、無限大、永恆、圓滿的真實。

在這種限制下，聖人當然不會費力去留下作品。畢竟一個人領悟絕對，明白相對的限制後，怎麼可能會認為人間的作品能夠代表什麼？幾乎所有的大聖人都是如此，是弟子堅持才留下一些話讓後人可以去追溯。

有朝一日我們懂了，也就會同情過去的大聖人，需要做這種無謂的努力，試著在相對的人間帶來一種方向；還會感謝他們仍然試著用各式各樣的比喻、建立一整套字眼，希望能指向絕對的智慧。這種耐性、勇氣和愛心，是不可思議的。

11
不二論 Advaita Vedanta

　　前面將佛教、蘇格拉底做了一點討論，也就是從他們的角度說明——中道含著我們對真實的理解，而能幫助我們走出現象的世界。接下來，我們回到印度聖人留下來的不二論（*Advaita Vedanta*），這對現代西方修行者影響特別深遠。

　　前面在談吠檀多派時，簡單說明過這些古代的大聖人（其中許多人，我們連名字都不知道，學者也考據不來）對真實的探討既符合這裡所談的唯識，與這本書所談的中道更是分不開。

　　商羯羅（Ādi Śaṅkara，西元 788 年—820 年）是一千多年前的印度哲學家，他與當時的佛教、耆那教、婆羅門教學者辯論，從印度最早流傳下來的古經典包括《奧義書》整合出不二論。

　　至於近代的拉瑪那‧馬哈希並不是從任何現成的教派出身，而是在很年輕的時候，透過自己的體驗，達成了不二論裡所談的參（Self-inquiry, *Atma Vichara*）。他只受過很基礎的教育，沒有經典和學問的包袱，沒有團體或教條的制約。和一般的修行

剛好相反，拉瑪那・馬哈希並不是接觸經典而醒覺，是頓悟後，他身邊的人拿著不二論的經典請他解釋，才發現他的解釋和一般的學者不同。他沉默的力量吸引愈來愈多人到他身邊，而他的分享從個人的體驗出發，完全是新鮮的表達。一九三〇年代就有人將他的表達整理下來，普及到西方。

在我心中，拉瑪那・馬哈希和六祖一樣，幾乎是佛陀的境界。他們的領悟完全從自己出發，經典和老師只是幫助他們驗證自己得到的解答。

我在《我是誰》曾經帶出幾個不二論的重點，我在這裡也換個方式再表達一次：

◇ 一切所看到、聽到、聞到、碰觸到、體會到的都不存在，都是頭腦投射出來的。沒有任何一個東西是真實的。我們可以想到、體會、表達的，對真實沒有任何代表性。我們窮盡自己所能，最多只能體認到什麼不是真實，而不可能表達出什麼是真實。

◇ 真實是永恆，無限，絕對。真實沒有生出來過，也沒有消失過，始終都存在。真實是我們的本性，是我們真正的自己。真實是在—覺—樂，是神聖。

◇ 一切都是一體，是一個，沒有分開過。每個東西、

每件事、每個人——都不存在「我」。會有「我」、「你」、「別的」隔閡的印象，是頭腦化現出來的，騙了我們一生。

✧ 我知道我不是這個，我不是那個。任何東西、經驗、所活的，都不是真正的我。也不值得讓我追加任何話或任何念頭。任何批判都還是頭腦的作業。我最多，只能活出一體。我看別人不對，其實是看自己不對。我責備別人，也只是責備自己。我傷害別人，其實也只是在傷害自己。一切，都是一體。

這些重點，本身也是非常重要的練習和提醒。走到最後，一個人懂得臣服，而臣服會把我們帶到參的門戶。做參，也會落在臣服的心境。兩面一體，而不離中道。

對我來說，不二論跟唯識與中道確實有密切的關係，但最不同的地方在於對行為的看法。佛教會談到八正道、波羅蜜，都是強調如果我們領悟到底，在行為層面也會活出領悟；而不二論雖然也強調領悟到底，但並沒有清楚點出要把行為變得跟領悟或理論的了解同等重要。

幾十年來，我遇到許多修行的朋友，他們放棄一般人認為重要的一切到印度朝聖，過著幾乎是流浪的生活，只為了投入不二

論的研究和練習。但我發現他們大多都集中在理論，不斷地參，好像參到底就算成功，不覺得自己和世界有什麼關聯，也不會想介入。

集中在理論、集中在參，走到最後是可以跳開人間，甚至可能達到超越的狀態。但這種領悟就像佛教所說的阿羅漢，是一種隱士的心境。我再多接觸幾位，也就感覺他們好像把自己落在一個角落，想集中在理論的成就，而不是達到全面的圓滿。

我會特別強調波羅蜜，也就是希望對這種情況做一點提醒——我們在理性和頭腦的層面著手，並不需要排斥行為層面的修行。從中道來看，更是沒有必要在領悟和行為與世界之間劃一條界線，好像領悟只到領悟為止，不能滲透到行為、不能涉足世界的層面。

我們看拉瑪那・馬哈希的生平，就會注意到他個人並不是推開世界到底。在前段，他很年輕就離家，過著與世隔絕的生活；到了後段，身邊弟子愈來愈多，他也自然投入團體的服務、帶領和管理，在行為層面點點滴滴活出他的領悟。

我會強調這些主要的宗教、靈性、哲學傳承的共同性，畢竟談的是同一個真實，所共同的也就是真實。然而，有些傳承例如蘇格拉底的辯證法或印度的不二論，如果自己沒有體驗，只著重在字面的意思和腦海的推演，反而讓自己的理解落在一個小角

落，要不就想去勝過世界，要不就是看輕世界、認為世俗和人間不重要、價值比較低、不值得一顧。但這兩種態度非但沒有反映真實，甚至反而把世界看得更真、更重要，這是相當可惜。

12
儒家的《中庸》

華人的圈子通常會認為儒家的《中庸》可以代表中道，但我的看法有點不一樣。

在秦國統一天下之前，許多學者樂於提出自己的看法，討論社會和國家應該怎麼統治，特別是統治階級和被統治的平民之間的關係。

漢朝建立後，初期的皇帝主要奉行道家的思想，讓人民和政府在戰亂後能有一點喘息的空間。但後來政府的權力強大起來，也就開始需要一個框架，幫助皇帝維持一種階級的秩序，維護政治的權威。

漢代的學者整理六經，其中和「禮」相關的文章就彙總成後來所稱的《禮記》。《小戴禮記》第 31 篇單獨抽出來，就是我這裡要談的《中庸》。華人都知道《四書》，也就是《中庸》、《論語》、《孟子》、《大學》的合輯。宋朝以後，《四書》成為官員考試的內容，可以說是每個讀書人一定要讀的經典。

孔子和我前面所提的大聖人有類似的情況，他所留下來的思想是以弟子的整理和轉述為主，所著重的重點和表達的方式自然受到弟子主觀詮釋和客觀能力的影響。再加上歷史演變的因素，我們很容易理解，雖然孔子也談天命、道、本性，但後來的儒家主要著重在身分和行為的層面，講的是一種人間和社會的道理。

像《禮記》就是講領導人該怎麼做，而人民要服務、要聽話，一一列舉人間的架構、秩序和規矩。《中庸》一共33章，除了第1章談到道、天命，另外32章多數在談行為或執行的層面，用各種人間的實例，不斷提醒君子樣樣都應該採取中間的路線，才能有好的示範，帶來好的後果。

關於中庸的意思，宋朝以後的主流說法，也就是在人間的層面採取一個中間的立場「不偏不倚、無過不及之名；庸，平常也。」強調君子表現不要過度，也不要太少，並且建議凡事適中是最好的方式。總之，不要從群體突顯出來。

有教養的君子在這些規矩下，尤其強調情緒層面的修養。中庸將人還沒有表現出喜怒哀樂時的平靜情緒稱為「中」（喜怒哀樂之未發，謂之中），表現的情緒要符合常理（發而皆中節，謂之和），才配得上君子的風範，而可以和天地和諧共存（中也者，天下之大本也；和也者，天下之達道也。致中和，天地位焉，萬物育焉），完成君子的任務。

前面是大多數學者的觀點，還是有一些學者認為中庸的重點不在於人間的表現，而是在內心的層面——這樣的詮釋，和我所談的中道是比較符合的。然而，華人的主流詮釋還是受到任官考試和教育的影響，偏向在行為層面取得一個中間，把這種中間路線稱為中庸。

當然，我們可以說一個人如果懂了真實，既然躲不開這個世界，還有未完成的業力，那還是可以選擇活出敦厚、道德，不走偏激、不落極端，好好做一個有用的人。但坦白說，這比較是一種社會的需要。如果過分地去做、或認為這就是生命的全部，那麼，這種講究禮節、規矩和外在表現的學問，再多推進一點，也就可能變成違背人性的制約。

是的，社會要有一套規矩，大家都依照規則才能運作。但從個人的修行來談，只談情緒和行為的規矩，缺少對真實的理解，不小心就可能變成限制，甚至是枷鎖。

儒家的角度還是著重於「有」的層面，才有那麼多規矩和原則要人去遵守。至於我們談的中道，在人間層面，當然很大一部份不會違反儒家所談的中庸，但走到最後，會發現注意力是回轉到自己，回轉到空，而終究體會到有跟空是兩面一體。

13
末法時代，中道是最靠得住的老師

　　前面將東西方一些思想，特別是和靈性相關的部份，做了一點簡單的分享，同時說明中道可以套用到每一個法門、每一個學派，不會造出衝突。

　　當然，我提過《中道》並不是一部理論性的作品，更不是學術的分析。我這裡所談的全面整合，也不是論文式的總結，更多是我個人的詮釋。所以，這方面的說明也就到此為止。接下來，我可以輕鬆來談，讀這本書的朋友也可以鬆一口氣。

　　畢竟我談的中道是基於幾十年的親身經驗和領悟，這是我真正想分享的部份。我也體會到，我自己的體驗和釋迦牟尼佛所講的中道、或彌勒佛的妙勝智實質上是一致的。只是我走的路可能與別人不太一樣，而使重點或切入的角度有所不同。

　　因此，在這本書裡，我並不是要強調古人講了什麼，也不是想補充他們的看法。畢竟如果一個人沒有實際去練習、去點點滴滴地體會，知道愈多反而還會成為阻礙。寫這本書並不是要在這

個夠複雜的世界帶來更多障礙，而是希望提供一條道路，並且把路照亮。

中道，是過去大聖人想表達的智慧，和任何法門與學派都沒有衝突。它本身在另一個層面，而可以套上任何法門。

前面提過在執行面上，**中道離不開臣服和參——我們首先讓注意從外頭變化多端的現象回轉到自己，站在真實中立地來面對，就是中道**。

中道不是誰的秘法，它沒有排斥任何人。我們並不需要守住某個層面、某種儀軌、某個時段才能進行，而是一整天從每一個角落都可以採用，都可以透過中道回轉到自己。

正因如此，我的解釋也只是用練習和生活當做一個平台，將中道慢慢展開。

過去，一般的智慧或修行的傳承，都是老師傳給弟子，弟子再傳給下一代弟子。釋迦牟尼佛這麼做，禪宗和許多門派也是如此。儘管絕對的真實無法透過語言來精確表達，絕對與相對也無法一起衡量，但一位好老師肯定弟子、鼓勵後人、給學生打氣，這本身並沒有什麼錯。

只是這種教和學很難跳脫它先天的限制。除非弟子這一生已經相當成熟，老師只需輕輕點撥一下，他就能突然打開頭腦的制約，而遠遠超越老師的境界。否則一般沒有特別大福德的情況

下，弟子最多是停留在和老師差不多的境界。就好像無形中，老師已經限制了弟子的突破。

我認為這是一個需要謹慎處理的問題。

我身邊有些同仁，他們對修行有興趣，也很投入。他們會發現，當某些人接近某個境界時，我反而特別嚴格。他們出於同情或尋求和諧，也可能擔心我偏心或有誤會，希望我多肯定、多鼓勵，不要總是潑冷水。

我可以理解他們的顧慮，但坦白說，他們不明白這責任有多重大，也不知道如果我沒有妥當而坦誠表達個人的看法，反而是害了對方。對方可能會驕傲起來，認為自己見道。但肉體明明不可能見道，這又要跟誰說？

如果順著心理上一時的滿足或安全感，也許大家暫且安心了，卻根本沒想到可能只是帶來錯誤的認知，強化頭腦的無明。

再進一步說，將制約打開、啟發理解是一回事，真正的挑戰在於如何將領悟穩定下來。尤其這個時代，人間的引力太重，老師自己在行為和業力的層面可能還沒有完全理解透徹，他又怎麼能評估、認可或引導弟子的進展？

一般人走修行的路會想得到肯定，一方面是想確認自己的進度，此外從心理上好像需要老師的點頭認可，來得到支持和肯定。甚至有些傳承還會發「印可狀」，用一張證書代表老師承認

弟子修行的成就。

　　這種外在的證明，對大多數人來說很重要。但我要坦白說，在這個年代，真正能扮演這種角色的老師不多。儘管某些老師會公開說某某弟子見道或不見道，但從弟子的行為來看，並不是老師說的那回事。

　　幾十年來，我親眼見過太多類似的情況。許多出名的老師，甚至一般人眼中很有成就的大師，面對人間的狀況還是很容易大驚小怪。一些微不足道的小事，就足以讓他們暴跳如雷，有強烈的反彈。有些老師在行為層面難以完全和領悟一致，也產生許多人事的問題，甚至男女間的醜聞。

　　但我也要說，這並不完全是老師的錯。這世界太沉重，黏度和密度都太大，讓我們很容易被帶回人間，不小心就落回人間的制約和價值。特別這個時代，步調愈來愈快，說是末法時代也不為過。在這種局面下，我們說誰有本事可以扮演認可的角色？而弟子又能用什麼方法來評價或評估自己？

　　人靠不住，那就靠中道吧。

　　中道為我們提供了一個很好的機制和基準，來衡量自己處於哪個階段──是否還是被環境或人間帶走？是不是還需要回轉？還是說，我們已經可以定下來，面對人間？

　　有些修行的朋友遇到事情，他乾脆閉上眼睛，一句話都不

說，好像定到什麼神聖的境界，不想理睬這個世界。我過去提醒過，這種表面的定，是一種小定，還是一種需要用力去維持、需要工夫的定。

對我來說，人不管在哪個程度，還是要好好練習——用中道不斷回到自己，而且是輕鬆而友善地回到自己。人間的修行路走到最後，即使找不到合適的老師，仍然可以將中道本身當作最好的老師。

我們可以用中道不斷回到自己，回到內心，無論身邊是否有老師指點，是不是有老師可以帶來一些鼓勵，是不是有老師確認我們成就或不成就了什麼，只要不斷回到內心。就對了。

友善，是中道非常重要的觀念。配合我們的身心條件，友善和正向可以為我們鋪一個基礎、種下一顆種子。即使面對的情況不利，有種種不順，但還是把樣樣看得好。這麼做，會讓情緒和行為穩定下來，人也變得穩重，不會小題大作把問題擴大，讓自己和身邊的人更不好受。

成熟度，跟一個人穩不穩重，有密切的關係。這一點，是騙不了自己的。我們從開始到最終，始終抱著初學者的精神，隨時在練習、靜坐、活出波羅蜜。這一生，一路自己走下去。對我們，沒有什麼回頭路，也沒有走歪的顧慮。

這樣的方式，完全可以代替一位好老師的作用。

練習：從自己開始

在一整天的處境裡，無論生活、工作、獨處，我們都可以做一點反思：

觀察自己，遇到事，心有沒有在動？有沒有起一些念頭？而且自己沒辦法踩個剎車？

一天下來，遇到事可不可以隨時觀察到自己？還是說，隨時會跳到眼前的故事裡？

遇到人，是不是還會忐忑？是不是總在回想剛剛的情況？是不是對別人的肯定有期待？是不是希望得到怎樣的待遇？

做事，是不是乾脆俐落？還是看前看後、猶豫不決？

無事時，是不是能輕鬆放過自己？還是仍然有點緊繃？

每個瞬間都是一個友善觀察自己，敦厚放過自己的機會。

試試看──觀察，知道了，承認了，笑一笑，放過了。

14
全面的整合與成熟

　　我在全部生命系列鋪設了必要的字彙和完整的理論基礎，現在寫《中道》也就可以從實務著手，讓我們可以在日常生活運用，隨時回轉到內心。

　　佛教的殊勝，在於既有超越或智慧的方面，也有世間知識或做人的方面，兩面合一。基督教的《聖經》也是包括了世間和出世間的智慧。至於蘇格拉底的辯證法、道家的思想、儒家的中庸、印度的不二論則好像多少缺了一個層面，要不很少談超越的層面，要不就有點躲開社會，好像不能把智慧用到人間似的。

　　蘇格拉底從人間出發，一層層把成見和前提剝開，雖然有機會抵達中道，但如果缺乏一個超越的引導，也是讓人停留在世界的是非對錯，以為這樣可以找到真理。至於儒家集中在行為的層面，制定了許多人和人的規範和榜樣。但遵守到最後，跟道、領悟、真實有什麼關係？並沒有一個完整的藍圖。

　　前面沒有特別談道家的經典，畢竟一般所認為的道家，乃至

後來的道教，在我看來好像是多種截然不同的思想放到一個籃子裡，很難當作一個單獨的法門來談。老子為主的道家思想比較強調捨離，把樣樣都放下來，是從人間跳到另外一個智慧的軌道。不二論集中在真實，並不特別強調行為的層面，對一些朋友會變成好像行為歸行為、領悟歸領悟，兩者沒有關聯。

過去我不太談每個法門的不同，畢竟分析差異不會帶來多少幫助，反而是找到共同性，比較能幫助大家接受。

中道，就是這樣一個可以貫通全部的共同性。

我們可以貫通超越和人間的層面，發現並不是非怎樣不可，沒有什麼叫做「空」，甚至沒有什麼叫做「有」。智慧和世界、空和圓滿或「有」完全找不到矛盾，兩邊都可以支持。

用這種方法追求，我們才可以徹徹底底跳出世界，但又同時活在人間。既不躲開，也不需要沉溺在其中。人間只是一個和真實與絕對不相關的現象，在不同的層面、不同的軌道。我們就是認定絕對，也不妨礙世界在相對層面的運作。

我們遇到事會怎麼反應或是反彈，這本身是一個成就或成熟度的指標。對樣樣，一天下來都可以用平等心來看。好事是這樣，不好的事也是一樣。站在整體，有狀況需要處理，就處理。不會覺得窩囊，也不會大驚小怪。

我們成熟不成熟，也看自己是不是還受到環境的制約。環境

不好，我們受的影響會更明顯。一般人狀況好的時候，多少可以維持一種樣子。若遇到不順，可能完全失去原本的風度。把人間的劇本透過眼前的狀況沒完沒了發揮下去，根本意識不到盡頭。

在最困難、挑戰最大的時候，可以穩重，可以前後一致，沒有失去舒暢和自在，這可以當作修行成熟度的指標。

我年輕的時候，有一段時間也會想跟各種老師接觸。無論在東方或西方，只要聽說哪裡有好老師，我就會設法聯繫。若能得到對方的同意，也就有機會去拜訪，有比較長時間的接觸與互動，包括觀察他怎麼應對生活，怎麼引導學生。

當時就注意到，亞洲文化一般把修行的老師看得很高，特別尊敬，好像修行的老師是一種不同於普通人的特殊身分。但這種認定不見得符合現實，甚至和實情可能有很大的落差。

尤其老師要照顧來自各個角落的學生，還不用談到修行，光是協調團體的需求就是很大的挑戰。有些老師遇到不順，心情就變得浮躁，沒辦法把心收回來，身段也柔軟不下來，很容易小題大作。發生雞毛蒜皮的小事，也要對弟子說重話，充滿情緒，讓大家沒有安全感。

他磨練的程度不夠，在狀況好的時候可以當老師，但狀況不好時，不穩重也不夠敦厚，可以說連師父的風度都失去了。這方面，也讓我感覺非常可惜。

這並不是特例，在我幾十年的觀察相當普遍，也是很值得我們再三提醒自己的重點——面對人間的變化，我們可以怎麼回到自己。

　　這些年，為了克服我們在人間自己造成的障礙，我也特別帶出感恩的練習。畢竟，我們如果對自己、對古人、對一切都感恩，心會柔軟，行為會是和諧而友善，不會把自己綁在一個無常的身分，而要立即跳起來表達自己的立場、自己的特殊性、自己的分別心。

　　我們隨時感恩，也就可以幫助自己跨過種種法、門派、宗教的隔閡。

練習：感恩

感恩的心，是我們在人間一切的出發點。

透過感恩，我們可以面對這一生種種的挑戰，種種的問題，種種的制約。

感恩的功課，也只是對遇到的每一件事、心裡每一個念頭、每一個反應、身體每一個感受……都感恩，都說「謝謝！」

在我們狀況好、一切都順時，感恩的練習比較容易進行，也讓我們體會到原來身心的生存離不開許多條件的配合，而願意放下小我自以為的功勞，謙虛起來。

在我們狀況不好，也許是被最信任的人背叛、被最親的人看輕、正在適應環境的變動、身體有難以緩解的病痛、心裡不斷浮出對過去的遺憾、忿恨、對未來止不住的擔心……還是可以做感恩的練習。但這時候，可以把步調放慢，先對自己的負面念頭和反應、包括身心的疼痛說「謝謝！」

我感謝痛、感謝負面的念頭和感受，感謝不斷浮出來的擔心，感謝你們關心我的生存，用激烈的方式想要提醒我、保護我。謝謝，現在我知道了，我想學習用自

己的方式來面對。

接下來，面對自己的努力，一樣感謝自己——

我感謝自己，感謝自己懂得忍耐，感謝自己注意到不對勁，感謝自己記得感恩。

這時候，我們的心會開始放寬，注意比較能從負面的心情和疼痛挪開，開始有空間可以容納更多——

我感謝眼前的遭遇，讓我可以明白過去不明白的，讓我知道有許多我不了解的。我感謝眼前現象和能量的變化，讓我有這些不同的經過。我感謝痛苦，謝謝你們成為我的老師，為我帶來難得的人生功課。我感謝無常，讓我有機會看清，有機會看見生命的真相。

許多朋友在自己的領域非常能幹，有很好的表現，但是面對人生帶來的功課，我們都是一樣的——知道的不夠、準備的不夠、永遠來不及、沒辦法先想到。這些功課教我們謙虛，認識小我的極限，準備我們為生命更大的層面打開。

透過感恩的態度，我們有機會徹底轉變，甚至可以推翻過去

認知的典範。對這一生、對真實得到一種全新的理解。

平時，我們也可以在行為的層面帶出感恩——主動服務、主動問好，把自己的光明、希望、滿足感和幸福感帶給身邊的人事物。我們在服務、在表達感恩、肯定、接納、正向的當中，活出了一種風度，反映我們對真實的領悟。

試試看。

15
克服障礙：
在每個瞬間，帶來一點正向的動能

讀到這裡，你大概可以體會到中道有兩個層面。一個是理論上，它是**站在真實面對世界**。另一個是在執行上，中道不只是純粹的中立，而是還帶著一點微微的友善、淡淡的歡迎，也可以說是**友善的中立性**。這種正向的中立性，反映在修行的傳統，也就是**臣服和參**。

面對每一個瞬間，我們帶一點正向而友善的味道，也就帶來一種正向的動能，造出一個正向的螺旋場，為這個瞬間做一個正向的轉變。不知不覺，我們會發現個性改了，甚至連命運也跟著不同。

沒有人喜歡負面，尤其生命有狀況時本來就夠萎縮、夠難受了，如果還要用負面的念頭扯自己後腿，豈不是讓人更難受？

我們懂得樣樣往好的地方想，比較容易臣服，比較容易看穿這個瞬間。或者換句話說，我們會比較容易接受整體的看法。眼

前這瞬間，不再是那麼悲觀，也不是完全沒辦法忍受。甚至，很容易可以度過。

遇到困難，透過正向的態度，還是比較容易幫助我們走出眼前處境的影響。老天爺當初就是這麼設計我們的身心機制——正向和舒暢帶來的螺旋場，為我們物質和身體的層面做個轉變，提高生存的機率。

就連動物，如果我們對牠好，給牠一點東西吃，牠自然會高興，喜歡有我們的瞬間。甚至我們還沒出現，牠已經開始期待。這種經驗，只要養過寵物都可以體會。

我們人也是動物，一樣喜歡正向的鼓勵。最有意思的是，彌勒佛早就完全曉得，他總是先安慰眼前的人，讓大家生起歡喜心，再進入真實的探討。他這麼面對眼前的人，也就是教我們不光是臣服，而且最好是帶一點快樂的臣服、肯定的臣服。

一體、整體是在一種歡喜的層面運作。臣服，帶著一點正向、快樂或滿足的念頭，也就比較接近整體或是一體的層面。

臣服的過程，並不像一般人以為的是低頭、退縮或妥協。不是的，在執行的層面上，臣服只是我們把注意力和眼前或心中的事稍微拉開一點距離，漸漸讓注意力習慣停留在自己。有時候我會說，是讓注意退到一個好像沒辦法再退的點。這個點我也曾說過是絕對跟相對的門戶，或絕對和相對、真實和人間的交會。

我們落在絕對的層面，是歡喜的。在臣服上再加一點歡喜、快樂或滿足，不光可以影響到身心的神經迴路，修正迴路的內容，還可以作為一個接軌的力量，帶來一個阻力最小的路徑，讓我們的注意不知不覺滑到大我、宇宙、內心。

這個正向接軌的力量，是小我、身心的需要。大我、整體，沒有這種需求。它不需要說服任何人，也不需要說服自己。它連一個字都不會留。

然而，面對人間的變化，我們不見得來得及反應，不見得有靜坐、禱告或冥想的空檔來提醒自己把注意力轉到哪裡。這時最簡單的做法，也就是無論好事、壞事，都不斷地聲明：「一切都好！」

畢竟我們隨時受到世界制約，遇到好事，也許還可以正向，遇到不好的事，遭受困難，反彈都來不及了，還談什麼真實，談什麼絕對。這時「一切都好！」是最單純的一把鑰匙。熟練了，一個人很誠懇隨時聲明「一切都好！」也就立即幫助自己回到臣服，回到自己，回到和真實一致的境界。

當然，我們也可以說「宇宙不會犯錯！」、「OK！」、「謝謝！」誠懇地做，把自己交給這把鑰匙，也就瞬間打開了一道門，讓我們從煩惱和挫折回到沒有動過的平安。

這種做法符合人類心理的作用。我們還是喜歡正向的鼓

勵，需要一種稱讚的環境。既然如此，我們就自己製造這種正向的環境，而不是等別人來稱讚。我們稱讚世界，就是在稱讚自己，而帶出自己最高的境界。我感覺，這在心理層面上是非常重要的。

講友善的中立性，也只是接納、感恩、包容、肯定、忠厚、優雅、誠懇、友善……我們最終見道、醒覺過來，也只是活出這些特質，變成一個見證者，不會想再去干預世界，不需要去修正任何地方。

我們修行走到最後，最終的行為表現就是快樂、真善美或說波羅蜜。前面提到《心經》最後一段說一個人懂了最高的智慧，看清一切都是幻覺，而幻覺竟然沒有離開過真實，那他會表達──揭諦、揭諦，波羅揭諦，波羅僧揭諦，菩提薩婆訶。──也是充滿了慶祝，充滿歡喜，而這本身就是解脫，就是智慧。

既然幻覺沒有離開過真實，即使自認為還在幻覺中，為什麼不一開始就活出真實的境界？為什麼不一開始就做個正向、快樂、敦厚、友善的人？乾脆把生命簡化再簡化，化約再化約──不需要的東西都可以讓出來，可以送給別人，而且還是高高興興、歡歡喜喜地送。

我們這麼做，也就在實踐古人所說的菩薩道。

這些行為層面的表現，對我們的理解、現實和認知會做出大

幅度的修正。這也就是我一直用迷走神經的作用來說明的——不光腦在指揮身體，身體也可以影響腦，從身到腦這個方向的影響力甚至遠遠更大。

再加上我們不斷在腦海肯定世界、肯定宇宙、肯定生命不會犯錯，或者用「Yes!」、「一切都好」、「一切都剛剛好」來接待生命。這種肯定會為我們建立一個新的神經迴路，而這個腦部的新迴路也會影響我們的心、我們的行為。

這一來，即使我們還不能完全做到，還時不時滑回人間，別人講一些不中聽的話，我們馬上會跳起來，或者有些過去的記憶浮現，讓我們難受，讓我們看壞自己、看壞世界。這時候，這些練習就扮演一個很重要的角色。

從每個層面都可以著手，為什麼不做呢？

練習：一切都好

我們放鬆自己，可以只是發呆。周遭如果有一點聲音，我們聽，只是聽，不用生出一個念頭，去解釋、去評價、去擔心。

有聲音，就欣賞。沒有聲音，還是可以欣賞。

最多是提醒自己——樣樣，一切都好。

我們可以隨時肯定——肯定一切，肯定宇宙，肯定生命，肯定樣樣不可能會犯錯——一切都好。

我們隨時懂得把自己交出來，交給神、主、一切、宇宙、生命。這本身也是臣服。懂了這些，我們也就隨時可以進行，隨時活在生命本來就有的神聖的空間。

我們隨時帶著一種祝福、一種欣賞，無論情緒來、情緒走，對我們都是一樣的。

All is good. 一切都好。

一開始，我們可能需要挪出一點時間，透過欣賞的態度打開心，可以寬容、可以放鬆、可以微笑、可以肯定。熟練了，即使平日生活仍然忙忙碌碌，我們隨時可以回到內心的空間，再怎麼急促，依舊肯定一切都好。

遇到好事，一切都好。遇到不順，一切都好。

宇宙絕對不可能犯錯，就連我們的人生劇本、過去悲傷的故事、受傷的遭遇⋯⋯也是剛剛好，來準備我們抵達這個瞬間。讓我們透過一生的傷疤、一生的心結，終於看出這個世界是虛擬的，是透過頭腦組合的印象。

過去的痛苦，是我們在虛擬的世界，受到虛擬的折磨。然而，這個虛擬的印象，對我們是再真實不過。

虛擬的境界充滿痛苦，但事實是──All is good. All is well. 一切都好。

我們為了一個虛擬的「我」做了那麼多──不斷回想、後悔、內疚，想要挽回，希望能贖罪。我們還需要把這麼多的罪惡感帶著走嗎？

All is good. All is well. 一切都好。

這個提醒，濃縮了許多層面的修行，也就是我們把這世界看穿，不斷聲明──我想通了。我不想再參加這場人生的幻夢，人間的遊戲。這一生，我讓它來，也可以讓它走。這一生到現在，沒有一樣是錯，沒有一樣是不該發生的。

一整天，我們都可以用這種心情來面對生命，跟人互動。樣樣都可以感恩，樣樣都可以肯定，樣樣都好。

16
向內轉——從現象，回到本質

　　中道，是不斷往內回轉，回到心。這也就是提醒我們——一切的答案不在外在，而是在內心。

　　當然，這是一個比較簡化的提醒，並沒有談到什麼叫做外在，什麼叫做內在、什麼叫做心，什麼叫做真正的自己——這離不開我們對真實的理解。

　　仔細觀察，我們認為有的世界與人生，是我們的頭腦透過區隔、分別、比較所組合的，而離不開兩極化、二元式的邏輯。

　　二元式的邏輯，或說二元對立的邏輯，也就是我們隨時透過兩個點的比較，為此時此刻下一個結論，做出一個判斷。甚至不是單純兩個點在比，而可能是三個點的比較。眼前這兩個點被我們拿來比較的特質，是針對另一個也許在場、也許不在場的第三個點得到的。

　　舉一個實例，我們在比較 A 和 B 誰比較健壯時，是透過另一個度量的標準 C（也許是一把尺、複雜的量表、公認很壯的球

員）得來的。也可能 A 和 B 是兩個孩子，當父母的免不了評斷哪個孩子聽話一些、表現好或不好。然而對 A 和 B 的判斷，又往往是和印象中的一個理想 C（也許是鄰居的孩子、戲劇裡的角色、或自己腦海裡的想像）衡量而來，再進一步去拿這個衡量的結果去比較 A 和 B 兩個孩子的表現。

人類的聰明，也就是不斷比較再比較而來的。先透過比較建立一個衡量的基準，再用這基準去量測，做進一步的再比較。對人類的邏輯，比較就像呼吸喝水一樣的自然。我們的感官透過比較取得資訊，變成我們的知覺和感受；我們的腦透過思考隨時比對取得的知覺和感受，組合出這個世界；再透過這個世界觀，發出行動的指令去修正世界，想要讓腦海裡的世界組合成不同的印象；而這個空間的世界，再加上腦海區分先後的觀念，也就有了時─空的組合。

就連世界所產生的一些很科學、客觀的觀察或數據，一樣脫不開相對和比較的機制，才讓我們得出對世界、對現實的結論，讓我們可以解釋這世界，而得到一個堅固完整的印象。

對腦海，一切都合情合理──有過去、有未來、有世界、有一個自己，我們再也不會意識到一切只是某種比較累積的結果，只是眾多可能性的一個，不是唯一，也不是絕對、無限、永恆的存在。

這些機制都屬於「外在」，並不是我們的本質，也不是我們真實的自己，最多是從本質延伸出去的一些臨時的作用，產生一些臨時的印象。包括我們的念頭、情緒、感受、心情、身體舒不舒服、人生順不順、命好不好……這些都是外在。

我們在這人間看到、體會到、摸到、可以用感官捕捉到、可以想、可以感受到的種種，包括《心經》歸納出基本的機制──色、受、想、行、識，都還是屬於相對，還是屬於外在。

將這個主題打開到這裡，我相信許多人都會覺得不可思議。畢竟一生走到現在，可能想都沒想過──念頭、感受、情緒不是自己，更不會去想到這個身體、這一生的遭遇、命運根本不是自己。

然而古人很早就認識到這一點，也指出我們所可以體驗的，全部都是現象。

吠檀多派講 *Nama, Rupa, Sat, Chit, Ananda*──前兩者 *Nama, Rupa* 名相都是相對的層面、外在的世界，包括了我們可以覺察到、想到、感受到的一切。光是 *Nama, Rupa* 這兩個字，名稱和形相，已經把我們可以體會感受的都說完了。我們認得世界，認得我們的人生，會稱為我們的故事，我們的劇本，我們長什麼樣子，有什麼經歷，有什麼喜事和傷心難過……全部都落在 *Nama, Rupa*，在名相裡打轉。

我先用這個角度將外在跟內心做一個區隔，而內心指的是本體（noumenon），或說我們的本質、本能。本體，是個絕對的觀念。絕對落到相對來貫通我們，最多就是留下 Sat, Chit, Ananda 在一覺一樂的印象。

在，不是抵達哪裡，只是輕輕鬆鬆自在。覺，不是去覺察什麼，只是不費力的覺。樂，不是因為滿足什麼條件而快樂，只是無條件的快樂。

我們停留在相對跟絕對、有限跟無限、無常跟永恆的邊邊，這個邊邊，我也用過大我、意識的門戶來表達。我們的腦海和身心再怎麼運作，也只能到這個邊邊。這個頭腦相對的聰明、二元式的機制和邏輯，不可能跳到絕對，它沒有能力跳到絕對。

我們也不需要跳到絕對，就停留在這邊邊、交會點，最多這樣子就好了。

我用回轉，回到內心，幾個字來表達這一點。

怎麼做？也只是透過臣服——不斷接受，不斷接納，不斷包容，不斷肯定，不斷歡迎，不斷感恩，不知不覺滑回這原點，這沒有點的點。

17
不費力回到本質

　　許多時候，修行之所以費力，是因為我們的注意離不開腦海、離不開現象的世界。

　　前面提到，在人間、在腦海的世界，意義與評價都是比較的結果。例如某件事和另一件事比，我們得到一個「好」的評價。完成某件事需要花的時間，和另一個做法相比，我們得到有效率或沒有效率的結論。

　　如果把五官能知覺到、念頭能想到的任何一件事、一個東西、一個人、一句話、一個感受、一個體會……都當作是一個資料點，從一個點到另一個點不只產生了空間的關係，還可以再加一個座標去延伸出時間的比較。無論我們從哪個資料點衍生出哪個資料點，對比出多豐富的意義，都還是在時—空裡運作，是在相對的層面進行作業。我們再怎麼設法去分析、去想、去延伸、去期待、去追求、去衡量……還是一樣，永遠離不開時—空。

　　前面提過，有些人站在人間的角度，認為中道只是講究一種

妥當的平均或折衷，好組合出一個不會錯的真實。然而，這種表達只反映了對中道、對真實的不理解。

我透過全部生命系列想表達的，以及過去的大聖人包括佛教的中道、蘇格拉底的辯證法、儒家的中庸、龍樹菩薩的中論⋯⋯所談的，最終並不是為了在人間建立一個不會錯的平均、適中、折衷，也不是在兩個時—空的點取得一個中間點。

我們在試著理解絕對和真實時，很容易把它帶入頭腦或人間相對比較的層面。比如說，一般人聽到「這裡—現在」的比喻，會認為我所講的是空間兩個點之間的「這裡」，以及時間兩個點（過去、未來）間有一個點，叫做「現在」。

然而，我用「這裡—現在」、「瞬間」所談的並不是這個意思，不是站在時—空的層面在談，而是想表達無色無形、大我、奇點（singularity）的觀念。它的尺度不在人間，我們也沒辦法在這時—空指定一個它的對等、它的代表。

差別就在這裡，也是最難懂的部份。然而，如果我們懂了，也會發現這反而是最容易掌握的觀念，因為它本身是我們的正常。

正常，就是完整的意識譜、全部的可能。我們過去是選擇站在一個很小的角落來看世界、看人生，所得到有色有形的印象都在相對的尺度，不到整體的百萬分之一；至於整體的 99.99999%

以上，對我們的腦海和感官是無色無形，反倒讓我們認為是不可能、不存在的。

我們接受的、認為有的，只是有生有死的現象層面，但有一個不生不死本體的層面是永恆、無限大——這個層面反而被我們認為不可能，甚至連想都不敢想。就這樣，我們把自己限制在有限而無常的境界。

我很早在《靜坐》就提過奇點的比喻，後來在《我：弄錯身分的個案》又進一步提出大我。許多人都會以為奇點、大我是這有色有形、時—空裡的一個點。但不是的，奇點、大我要表達的是念頭還沒有起伏、還沒有發生、充滿無限可能、任何動力都還沒有出發的一個點。它在無色無形的層面，而這個層面並不是一般人認為的「沒有」或「空」。

即使無色無形要踏入世界，也要透過這個點來跟世界溝通。星球要爆發出來，還是要透過奇點來轉變。

我們要回到真實，也只是停留在這樣的一個點。

18
滑回到心,就是中道

我們在這相對的世界,想要追尋絕對,所能做的,也只是一再地撥開相對的現象、減少現象的重要性、將注意從一個又一個現象挪開、得到一種簡化再簡化……簡化到幾乎沒有,但又不能說沒有。

說沒有,只是五官和腦海幾乎捕捉不到、用不來、起不了念頭,但還有一個好像知道、好像看到、好像活著、好像有、好像在,所以也不能說沒有。

就這樣,注意力落在一個不能稱之為點的點或擴大到全部,達到一個腦海還勉強可以衡量、可以掌握的概念,或說在有限和相對的領域勉強可以代表的一個點。我過去借用奇點的比喻,就是借用物理和數學的方式,描述這個不是點的點、在出發點之前的點。

我可以再換一個方式,用小孩子玩蹺蹺板來比喻。蹺蹺板這一邊是我們認為有的這世界,另外一邊是真實、是存在、是

「在」。這蹺蹺板並不全部在這個時—空，而是一邊在這時—空，支點的另一邊在我們看不到的無色無形的層面。

蹺蹺板的支點，也就是真實或存在的門戶（大我、奇點），讓蹺蹺板對我們有一種平衡。然而這支點或說真實的門戶不在這個世界，而是在另一邊。當然，為了方便我們的理解和表達，先把它當作有一半在這個時—空來看（於是也就有了大我、奇點的標籤）。

對我們，會覺得自己在蹺蹺板這邊。無論我們再怎麼比較這個點和那個點，再怎麼進行分析，永遠是在相對、有色有形的層面運作，是永遠跨不過去那邊的。

我們投入在蹺蹺板這一邊的重量，也就是腦海裡各種念頭、感受、想法、評價、立場和反彈。投入愈多，也就讓我們愈把注意力鎖定在蹺蹺板這一端，好像不斷在和什麼對抗，而無色無形早

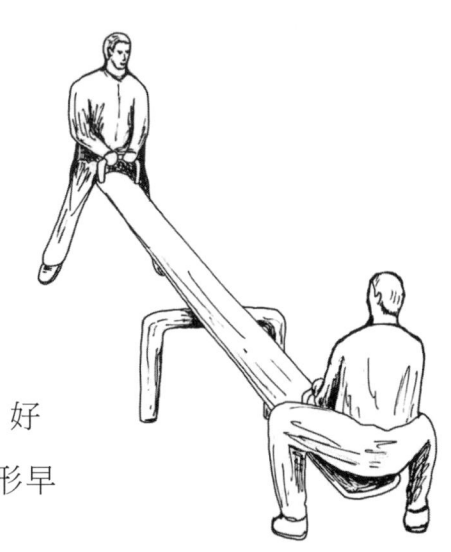

就不知到哪裡去了。

　　我們將蹺蹺板這一邊的重量給散掉，將眼前各種念頭、感受、想法、評價、立場和反彈放過，就是我們所說的中性化、中立，也可以說是簡化再簡化。於是「我」的負擔愈來愈輕，我們開始往另一邊滑。再加上一點友善的念頭——眼前來什麼就歡迎它來，而我們都可以臣服，都可以接受。這一來，腦海的運作沒有多餘的地方可去，沒有新的重量讓我們回到蹺蹺板原本那一邊。我們落到蹺蹺板的支點，這就是回轉。

　　修行，也只是走一種回轉的路。然而，回轉到自己、回轉到心的說法還是一個比喻，實際上並沒有一個回轉的動作，最多只是原本往外的注意放過了眼前的客體，回到唯一一個消失不了的主體，也就是自己。

　　說回轉，只是比喻。如果說回轉到哪裡，比如胸腔或某一個點，那還是落在這個時—空。就是從這個時—空，我們樣樣接受，活出空的容器，頭腦沒有地方再去躲，再去找，再去延伸。

內心的絕對反而會浮現。

在這種沒有念頭、沒有感受、沒有覺察的剎那，面對人間的任何現象，我們都可以把它的性質中和掉，讓它的作用消失。無論頭腦怎麼用覺、想、受去描述世界，我們都可以回轉、接受、做一個中性化。頭腦沒有地方可以轉了，這本體或者不二論所說的梵、絕對的真實，就浮出來了。

這是絕對的實相，它包括一切，包括 *Nama, Rupa, Sat, Chit, Ananda*，包括有色有形，將一切包在最原本、最根本的、最絕對的真實裡，它是一體。

19
中道帶來的平衡點

　　我透過奇點、大我、門戶、蹺蹺板支點的比喻，希望能把真實和人間的關係、靜坐修行能做到哪個地步、什麼叫做回轉、向內轉、停留在意識的門戶……觀念建立起來，給頭腦一個稍微可以掌握的藍圖，表達怎麼從充滿了現象的人間找到一個平衡點，讓我們回到真實。

　　當然，再怎麼比喻，都是很勉強的表達而含著一種誤導——好像相對可以跟絕對平起平坐，而可能讓我們以為人間與一體是一樣的重要，一樣的存在，只是在不同的兩邊。

　　這種認識，誇大了人間的重要性，也造出我們自己的阻礙。我會借用這種對稱式的說法，只是表達除了有色有形的人間，還有一個無色無形的存在；除了外在，還有內心。然而這兩邊的重要性差異大到難以對等，幾乎沒有什麼平衡可以談。

　　會有人間／存在、外在／內心的不同，是透過一個點而有的分別。這個點，勉強可以說是無色無形在人間露出來的一個頭，

可以稍微被人間所理解，但並不是在人間。

這個點，也就是大我、意識的門戶、奇點。

有時候，經典的話也會讓我們回轉。特別是前面提到關於真實的描述，時常帶著一種悖論，讓我們聽不懂。如果我們接受聽不懂，沒有再加一個反彈，我們的注意反而會突然從眼前很具體的念頭、比較、煩惱、聰明挪開，就像坐在蹺蹺板的小孩子放開手，反而重量就挪開，可以有一種放鬆，而自由滑下去──注意落到一個計較不了、煩惱不來的──注意的奇點、意識的門戶、大我。

這很有意思，有時候，聽不懂，反而比較「懂」。

我們的念頭減少、注意愈來愈不放在心內心外的現象，會產生一種回轉。這回轉是什麼？就是回轉到心。回轉到心，本身就是中道。

這個支點，是很有意思。我們落在支點，還是覺得有個蹺蹺板，只是這蹺蹺板回到了平衡。這種平衡並不是兩邊等重或等距離。平衡，指的是一種最穩定的狀態，讓我們全部都可以放過──可以接受有形有相，也突然可以接受無色無形。

再換一個比喻，我之前常用冰山來談，我們意識得到的有色有形，就像冰山露出海面的一點點，只是冰山的一小部份。超過頭腦和五官可以體會的，會被我們稱為無色無形，是冰山在海面

下的部份。然而海面下的，才是冰山的主體。

用冰山來講，它在水面上的有色有形和水面下的無色無形，是有一種平衡，讓這個冰山可以穩穩地存在。

這種平衡，是一個最低能量的點，是我們與另一邊——另一個世界或是無色無形的世界——的共同點或說門戶。我們停留在這個最穩定的點、最低能量的點、最不耗費額外注意力的點，早晚會被無色無形給吸收。

我常講停留在大我，就是這樣最不費力、最沒有選擇、最輕鬆、最根本、最基礎的基本點。

這個點，雖然代表了無色無形的門戶，但也可以說還在這世界，還在理性可以理解的範圍——我們把注意所耗費的能量減少再減少，將一切的重要性取消再取消，將注意簡化再簡化，到最後，只剩下一點本質，剩下一個最源頭的聰明——也就是大我、奇點。

我們的修行全部都是在滑回到這個點，也可以說是透過中道隨時回到支點或說回轉到自己。

　　這個點，可以當作無色無形與有色有形的門戶，或者絕對與相對的交會點，或者大我與小我之間的窗口。當然，說門戶、窗口、交會點，都是方便頭腦理解的比喻而已。對我們，這個點有一半在這世界。我們滑回到它，並不等於滑回到另一邊。儘管滑不到另一邊，但這個點至少是現象世界和無色無形可以達到一種平衡，而對我們是最穩定、最不費力的狀態。

　　這就是中道真正要取得的平衡，而不是在現象層面不斷地計較、對比再取得一個平均。

20
真實來悟我們

印度的吠檀多派用 Nama, Rupa, Sat, Chit, Ananda 來表達真實包括相對、也包括絕對。我過去也常用一組圖案來表達生命是幾面一體，既是一體，也有個體。即使個體化到一個極致，我們仍然能找到出路，回到一體。

這組圖在《不合理的快樂》、《定》、《時間的陷阱》、《短路》、《我：弄錯身分的個案》、《唯識》都出現過，用從左下到右上的一束光來表達一體無所不在、不生不死的意識。它偶爾會延伸出一個局限的小圈子，把一體圈到或局限到一個不成比例小的角落，比如

我們的人生。

　　從絕對可以延伸出相對，又從相對的世界不斷地去做分別。愈陷入角落，分別愈大，境界愈具體，知識愈來愈細，愈來愈精確。這就是人類的文明。

　　然而，再怎麼分別，即使分別到充滿隔閡的境界，也從來沒有離開過絕對，而絕對的光，在相對的任何一個角落都可以亮出來。

　　這組圖，也可以說是從不同的角度來呈現中道——從真實、從絕對看一切。

　　當然，絕對本身，從相對來看是完全的中立，沒有什麼正向不正向好談的。但我們回轉，如果再帶一點正向的念頭、正向的態度，我們會發現，回轉的過程比較沒有那麼大的阻力、阻礙或抵抗。

是在這過程中，頭腦不要再帶給我們一個阻礙。

滑回到大我，也只是滑回到帶出世界和真實這對稱的支點。這個支點，因為我們還需要語言來表達，也就可以說還在這個世界。它不能算是一個交會點，最多說是一個核心——但不是一個實體的核心，而是像我們將洋蔥一層一層剝開到最後，有一個「沒有洋蔥」的核心。

我們的複雜經過簡化再簡化，減少再減少，到最後，我們的注意會落在一個核心、一個源頭的智慧、一個最單純的本能。這個點雖然還在世界，但它可以受到意識海或一體的影響；而一體要跟人間溝通，是透過這個最簡化的點、奇點才可以展開。

還有一個重點，也就是我們從相對和有限，跨不到整體。

整體是一個絕對的觀念，是無限大、永恆的觀念。我們站在有限、局限的層面，無常的層面，永遠滑不到那裡。透過肉體的作為，是永遠到不了整體的，這是一個中心的理念。

肉體永遠頓悟不了，**頓悟的體不是我們的小我**。頓悟最多只是什麼？好像是整體透過我們的身體，雖然這個身體還帶著一些抵抗和阻礙，但它可以頓悟過去。透過我們的體，整體可以頓悟到自己。

相對掌握不了絕對，但絕對包括了相對——這樣子，是不是更清楚了？

雖然有阻礙，生命流還是能燒過去。留下來的，是一點腳印。

頓悟的觀念，跟我們一般以為的是顛倒的。

我們說滑回到大我或是源頭，還是站在一個有限的世界在表達。但如果不是還有一點這樣的立足點，我們連這樣的表達都不會有。

它是非常不可思議的一個點，讓我們簡化到底。拉瑪那‧馬哈希所談的不二論，重點也就是讓一個人簡化再簡化，參到底。六祖也是一樣的，就是已經臣服到底，但還是叫我們參。

像六祖這樣參，參什麼？就是參一個話頭。當時講究的話頭「誰在參？」，和後來拉瑪那‧馬哈希的「我是誰？」是一樣的。等於說，我們沒有答案了。沒有答案，就是我們的答案。

到那時候，一個人就慢慢地，好像就跟整體合一了。

合一，不是我們的小我去合一，而是整體把我們吞掉了。

小我不再是主人。

它不再有它的抵抗，不再有它的意見、期待、故事、劇本，沒有什麼未完成的任務。它已經完全受整體的指揮，被整體吸收進去。

頓悟其實是這樣子。

21
身心無法醒覺，但可以停留在神聖的空間

一般人會有一種印象，認為我們透過人間的努力和累積，可以開悟、成道，甚至頓悟。然而，這完全是錯誤的觀念。

我不斷提醒這一點——**我們從肉體是醒不過來的，身心沒有什麼機制或能力足以讓我們醒過來**。我們從局限、相對，是跳不到無限大或非時間的境界。

這是不可能的，也不需要。

我們就**最多停留在瞬間，停留在這神聖的空間**。落到支點、停留在意識的門戶、門檻、奇點，也就是停留在神聖的空間，而神聖的空間就是心，或說內心的空間。

怎麼進入內心神聖的空間，也只是透過中道。這是最簡單、最直接的方法。

中道，從這角度來看，也就是做為一個橋梁，或借用網路的術語來講，就是超連結（hyperlink）。超連結到哪裡？到我們的神聖空間。

這樣的神聖空間，是我們每個人本來都有的，只是我們在生活裡變得麻木，認為不可能，或是早就忘記了，也就把自己洗腦到一個很小很萎縮的角落。

透過中道，把這神聖的空間找回來，是落回一個沒有念頭的狀態，或說是「非空間」、「非時間」，超越了空間和時間的一個空檔。

停留時間愈長，可以說是愈成熟。停留久了，無限大、非時間的、永恆的神聖會來幫助我們，帶我們回家。

這是古人都曉得的祕密，只是後來各式各樣的傳承與法門，為了配合人類愈來愈複雜的頭腦，反而錯過了這個重點。

或許，我這次談彌勒佛─基督意識的妙勝智，最不同的地方會是這一點。包括我們面對人間的關係、人生的困難、挑戰或者處境，最好的方法也是不斷停留在這個神聖的空間，停留在心。

我帶來許多練習，像感恩、靜坐、舌抵上顎、呼吸、觀想、飲食、運動⋯⋯從不同層面，希望為大家建立一個神聖的空間，讓我們不再那麼容易受環境或別人影響。這一點，對人生受過傷、還隨時被創傷的記憶與反應所刺激的朋友，是特別有幫助。

練習：舌抵上顎

中道有一個重點，也就是雖然講臣服，但並不是完全的被動、不是純粹的中立，而是帶著一點主動當作練習來進行，也就還有一個回轉的動作可以談。

舌抵上顎（khecari mudra）也是一樣的，我一般會說它是意識轉變自然的後果——我們住定在自己，身心非常安靜放鬆，舌頭會往上面抵，甚至會捲到很後面。雖然是意識狀態自然的後果，但也可以作為一個練習，或說一個超連結。

舌抵上顎表面是一個很被動的練習，只是把舌頭往上抵著，抵在上顎的前面、正上面或後面都可以。就這一點點微小的主動，已經帶著我們將注意力回轉，打開一個神聖的空間。

比如說，睡不穩，三更半夜醒來，甚至失眠，這時候做舌抵上顎，只是舌頭動一下，也就帶著我們的注意從失眠或煩惱回轉。首先回轉到舌頭本身的動作，眼前本來踩不了剎車的思考、痛苦、受傷、失落，也就變得沒那麼煩、沒那麼痛、沒那麼嚴重——可以成為一種比較中性的經驗，而不至於佔據我們注意的全部。

如果我們不做一個動作，光在腦海裡想著怎麼為情緒踩剎

車，是比較難的。反而舌抵上顎這一個簡單的動作，隨時可以做，而把腦海裡一連串的念頭給切斷，讓它的重要性降低。這時，再做一個提醒──「一切都好」、「沒有事」、「歡迎這個瞬間」──透過友善的中立性，也就開始了中道的練習。

只要做，非常有效。

一個簡單的動作，可以帶來這麼大的效果，也是順著身心本來的機制而有的。我們副交感神經最大的一個分支，也就是迷走神經。迷走神經將身體的種種感受回傳到腦，讓身體的體會轉為腦海的現實。

舌抵上顎，是刺激迷走神經最直接也最有效的方式之一，讓副交感神經活化起來，身心全部放鬆。身心放鬆，也就容易回到一種友善的中立性來看自己、看世界。

過去，我遇到有失眠困擾的朋友，也建議他們做舌抵上顎。不用解釋太多，他們都會發現，透過一個很簡單的動作幫助自己念頭踩個剎車，是有效多了。

光是這麼做，我們已經為自己建立一個神聖的空間。

22
每個人有自己的超連結

要進入神聖的空間、回轉到心，方法之一是透過正向的聲明對宇宙、對自己做一個肯定。這種正向的肯定就像很方便的超連結，隨時讓我們從腦海的境界回到踏實的「這裡─現在」。

超連結，是從網路借來的比喻。過去我們要取得一個資訊，必須要自己到圖書館或書店一本一本找、一頁一頁地翻。為了一個地名、一個人名、一段歷史、一個科學的觀念，可能得翻找一大疊地圖、讀完幾百年的歷史、懂了數學又懂了物理和化學之後，才能確定一個名詞或觀念。

網路普及後，大家在網頁、手機點一點就能取得資料。只要有人安排好超連結，並且讓超連結指向正確的位置，我們點一下超連結，就能立刻得到一個解答，或者抵達下一個網路空間。過去我們和資料的遙遠距離，瞬間被簡化成這裡、現在就可以得到，好像完全是零距離。

我借用超連結的比喻，談的也就是練習，但超連結可能會比

練習還更貼切一些。全部生命練習的重點並不在於重複再重複的工夫有多熟練,而是透過一個聲明、一句話、一個念頭、一個感受、一點提醒,看起來連練習都稱不上,卻讓我們可以立即跨越腦海的障礙,回到心,回到真正重要的地方。

從我個人的看法,每個人都有自己的超連結,而且隨時可以採用自己的超連結。除了正向的肯定、聲明「宇宙不會犯錯」、「一切都好」,神聖的形相、持咒、朗誦、療癒的聲音、感恩、呼吸、五官的感受……全部可以是我們的超連結。如果我們有最高的尊敬心,就連經典也可以成為一個門戶,帶來超連結。

對我個人來說,大聖人的經典是一生用不完的寶藏。

前面提過,我並不是透過經典來體驗真實,而是年紀很小就發現從經典可以驗證自己的體驗。最早接觸的就是《聖經》,幾乎每一段對我都是超連結。再長大一點,接觸佛教的經典,發現釋迦牟尼佛留下來的每一段話是超連結,《六祖壇經》也是。然後再接觸道家、古希臘的經典或是其他的書籍,也都含著超連結。全部都是如此。

聖人的形相,對我也是一樣的重要。在《奇蹟》,我提過第一次看到虛雲老和尚、拉瑪那・馬哈希的照片,當時感覺時間完全凍結,事後回想可以說是一個超越時─空和腦海的體驗。

我也時常在心裡唸誦《心經》裡的最後幾句話「*Gate gate*

pāragate pārasaṃgate bodhi svāhā」（揭諦、揭諦，波羅揭諦，波羅僧揭諦，菩提薩婆訶。「解脫了，我們本來就是徹底解脫，完全解脫！多麼殊勝的醒覺！一起慶祝吧！」）。

這幾句話，對我是一個非常直接的超連結。不知道發生過多少次，我一聽到這句話，意識就好像到了另一個境界，跳到另一個空間，而且很長一段時間沒有念頭，處於一種定的狀態。

這種定、沒有念頭，事後想起來當然是舒暢的。像前面所說的，一個正向、舒暢的念頭或感受，會帶來一種正向的動能，造出一個正向的螺旋場。有時候不光是帶動了心理和感受的層面，甚至能牽動物質層面的轉變。

我想分享兩個和《心經》這句話有關的小故事。

我在臺灣曾經遇到一位朋友，他的孩子出生時全身是軟的，到了一歲多、快兩歲還是如此，好像神經系統的發育遇到了異常。

當時，我讓他試一個油膏，也教他幫孩子按摩。這個油膏是以西方預言家 Edgar Cayce 的配方為基礎來調配的，我又另外加上陶瓷的黃金和一些有機螯合的微量元素（當時稱為真原素）。沒多久，他就發現小孩子的狀況有進步。

有一天，我一邊幫助他為孩子做療癒，一邊在心裡默誦 *Gate gate pāragate pārasaṃgate bodhi svāhā*。這時，好像體會到一個畫面，於是我問他：「小孩子以後可能會出家，走靈性的路。你跟你的妻子會在意嗎？」當時他說：「只要小孩健康，高興都來不及。」

幾年後，這位父親特別來找我，想跟我說孩子的狀況。他說小孩 4、5 歲了，有一天到廟裡，突然就坐下來盤腿待著，好像要開始講經。從他的表達，我知道，這位父親還沒有心理準備。

另一次是在巴西。一位女士特別邀請我去見一個小孩子，她說是某位亞洲大師的轉世。孩子當時也是 4、5 歲左右，一見面就爬到我腿上靜靜待著。他的眼神，和一般巴西小孩完全不同。

我用巴西話問他：「你想不想聽一句話？」然後就摸著他的

頭，念了 *Gate gate pāragate pārasaṃgate bodhi svāhā*。突然，他的眼睛翻了上去，只露出眼白。我重複念了 3 次，他就像完全入定，好久都沒有動。

後來，我告訴他的父母：「你們的孩子將來會走靈性的路。這一點，你們可以想一想。」他們本來希望我能把孩子帶回美國照顧，但我實在太忙，只能婉拒。

對我，《心經》這段話非常重要，隨時帶給我一個超連結。有時候，在超連結的過程中，似乎進入了一個無形無相的層面，而帶動了身邊的物質或影響到人的意識，為周遭帶來改變。

這一點，我覺得很不可思議。

練習：祝福身邊的景物

確實，每個人有自己的超連結，而這超連結不見得是一個宗教或傳統修行的形式，只要能幫助我們將注意從現象層面回轉到自己，都是好的方法。

隨時隨地，我們都可以透過和身邊的互動做中道的練習。就連身邊的景色、人物，也都可以為我們帶來超連結，建立我們的神聖空間。

出門旅遊到了一個景點，過去我們可能急著拍照、忙著安排接下來要進行的事、想著要怎麼抵達下一個點；現在，我們可以給自己一個完全不同的體會——帶著正向的念頭點點滴滴觀察眼前，也許是一座山，也許是一棵樹、一座湖泊，或者很普通的一個停車場，停下來買咖啡、借用洗手間的地方。

我們可以在心裡單純地描述這座山、這棵樹、這片湖光山色、眼前畫面的每個細節，不加一個好、壞、美、不美的評價，不和過去未來的印象做比較，只是帶著一種淡淡的欣賞和肯定，這本身就對周邊的環境產生了一種祝福的作用。

我們祝福身邊的一切，也是在祝福自己。這樣的觀察和描述帶來的空檔，讓我們脫離腦海的慣性，而讓注意得到一個回轉的

機會。

　　不光是旅行途中的風景，我們可以這麼祝福，就是在平常熟悉的環境，例如家裡、工作的空間、上下班的路上、採買食物的超市或市場，我們一樣可以祝福——帶著新鮮的眼光，只是單純的描述眼前所看到、聽到、聞到、碰觸到、嚐到的，而帶著一種淡淡的欣賞，淡淡的歡迎。

　　試試看，我們練習時，已經將腦海的迴路踩一個剎車，而讓注意力得到回轉。

　　這樣的空檔，可能是許多朋友一生沒有體驗過的。

23
暴風的中心，意識的門檻

我通常會在共修或演講前，透過各種能量和頻率的音療，幫助大家建立一個舒暢而放鬆的神聖空間。這方面的學問，在西方是從新時代的貝利女士（Alice Bailey，西元 1880 年—1949 年）透過奧秘療癒（esoteric healing）而開始的。她在這方面的表達，與後來人稱為揚升大師的 DK（Djwhal Khul）有關。

我第一次看到 DK 的照片時愣住了，感覺有點像當年看到虛雲老和尚的照片或《六祖壇經》，好像早就認識很久。這種時─空凍結的體會，本身也可以說是一種奧秘的療癒。

DK 和貝利合寫了一本書 *Dweller on the Threshold*（暫譯

《門檻上的守門人》)。「門檻上的守門人」是奧秘療癒傳承的一種表達,意思是一個龐大而難以跨越的念相,擋在追求真實的英雄和真實之間,將我們困在概念的世界,難以前進。

這個比喻和「靈魂的暗夜」有點類似,都在描述一種很難度過的關卡。最後的突破,幾乎可以說是要面對我們個人過去全部業力的總和,需要很大的決心才能度過。

我們走到最後,要度過這樣的關卡並不容易。

如果我們能夠完全一致——心靈和物質層面的領悟達到一致,而且這一致可以透過個人的行為或狀態展現——大多層面已經成熟,可以看清某個層面的阻礙,也能夠克服,那麼,走到最後,會比較容易過關。

如果每個層面都不成熟也克服不了,比如身體發炎、有疾病、到處不對勁、心理有障礙,再加上過去業力的阻礙,在這種多重障礙的狀況下,要突破是非常難的。

正因如此,我才會不斷強調中道的重要性,而且不斷提醒從每個層面去著手。

這樣的關卡,走到最後,我會用落到暴風眼或落到奇點來比喻。用暴風眼來談,要強調的是它的潛能最大,但沒有聲音、沒有動作,就像一個螺旋旋到底,而螺旋到達最低點、最深處,也就是暴風的中心,那裡也可以說是奇點。

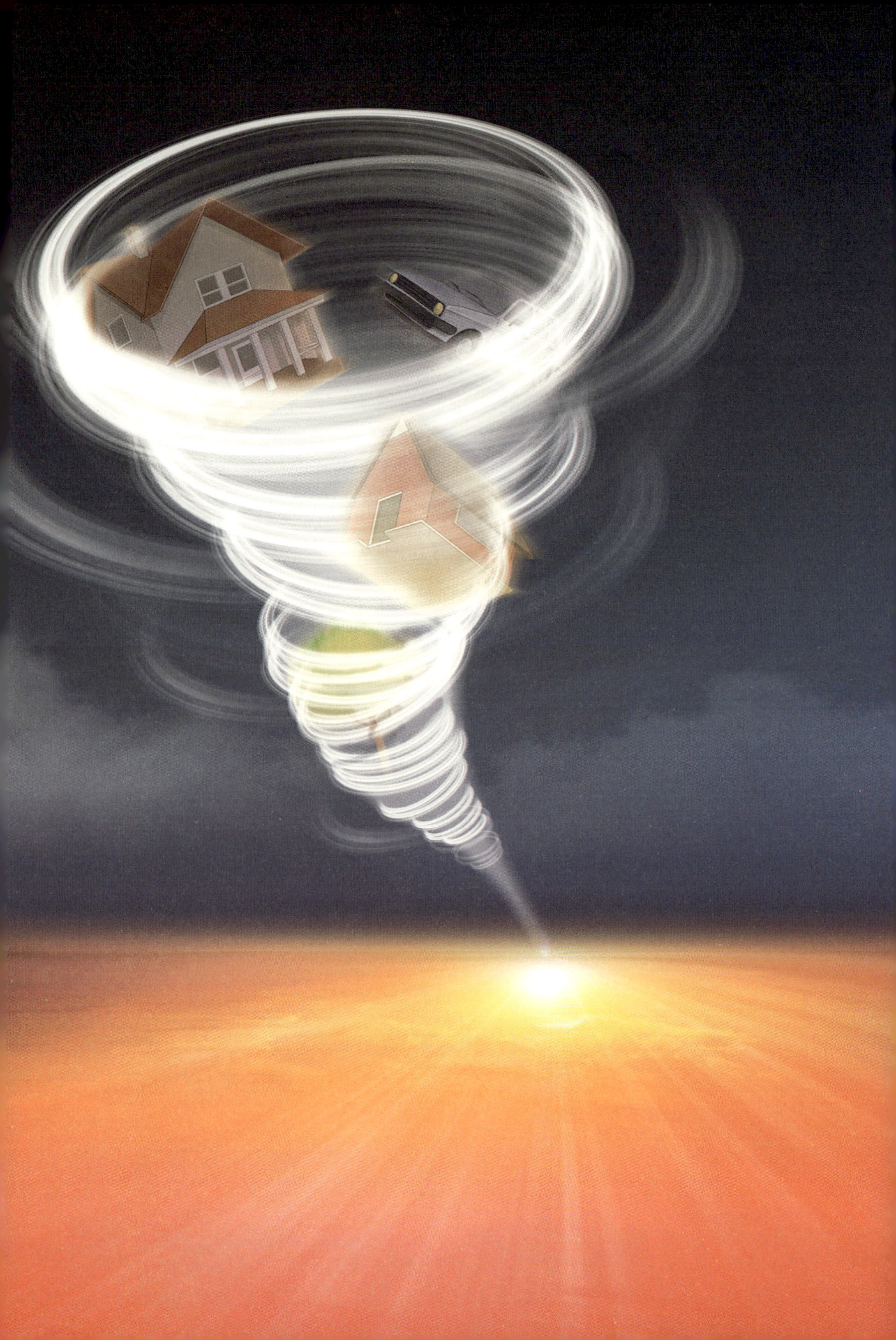

在奇點，好像一切都在裡面，像天文學講的黑洞。然而，黑洞也可以變成白洞。也就是說，它帶著最大的潛能。它可能不動，但那是潛能最大、瀕臨突破的臨界點。

大我，或者前面講的「源頭的聰明」也是這樣的奇點。

中道可以把全部的層面整合起來，統一起來，讓我們透過行為去跨越所有其他層面的阻礙，就像《門檻的守門人》所描述的，在接近突破的邊緣上，不再回頭，更容易度過難關。

24
多層面的組成，多層面的切入

任何方法或不是方法的方法，都可以是中道的工具。

生命是多層面的組合，既然如此，只要有工具讓我們可以突然體會到真正的自己並不是這個小我，真正的身分是整體，我們可以不被小我限制⋯⋯為什麼不採用？

從修行的角度來說，連習氣也是一種工具。我們的習氣之所以存在，最終的目的是等著被打破。我們可以走出它的影響，而不是只在它產生的模式和迴路打轉。

正因如此，我會帶著大家用種種呼吸的方法，透過完整的呼吸譜，打斷不良的呼吸模式，將體質做一種基礎的調整，重新把均衡找回來。此外，我也提醒大家從飲食著手去調整體質——一種更重、更具體的迴路或模式。

素食或肉食並不是調整的重點，對現代人最重要的是戒掉過度加工的飲食、少用精製糖和精製澱粉、盡量不用精製的種籽油，這些項目已知會刺激身體的發炎反應。如果我們的身體隨時

發炎，總是不均衡，這裡痛那裡不舒服，心情不開朗，可以說注意力都被身體綁住，而對世界看法一定是負面的。

許多人的飲食過度偏重碳水化合物，而且是容易刺激胰島素過度分泌的精製澱粉和精製糖，從早到晚都帶來血糖高低的波動，讓我們的注意跟著起伏，而在情緒上容易過度緊張、過度興奮。這樣一天下來，要讓情緒踩剎車，我認為相當困難。

特別在這個年代，我們對自己、對別人的要求很高，帶來很大的情緒壓力。我會提醒大家要提高飲食的脂肪比例，採用高脂低醣甚至生酮飲食。很多心理層面的障礙，是反映腦部的不均衡或失調，而飲食的調整可以帶來療癒的作用。尤其如果正在適應環境的變化、有壓力、情緒不穩定、人跟人互動很容易帶來憤怒和不諒解，脂肪會為身心處理情緒的系統帶來安定的力量。

從呼吸、飲食、飲水、運動（有氧、健身、拉伸）、心理的管理、習慣的改變……我們從生活點點滴滴得到支持，每個瞬間都做一個快樂、敦厚、寬容、完整的人，為身邊的人帶來希望。這不是為了別人，而是為了我們自己。

有機會，我也陪大家接觸音療和各種頻率、振動和能量的療法，並且用各種方式去重複練習。就像靜坐可以用各式各樣的方法帶出專注和觀察的組合，每個療癒、每個練習，都可以讓我們進入臣服，或者參。

當然，前面才說過——從有限、相對跳不到絕對，身心無法開悟——那為什麼要從這些具體的練習去著手？

可以說，是我不放棄任何可能。只要有工具、有機會，都希望帶著大家讓身心集中，讓念頭情緒和反應簡化，也就是盡可能減少小我帶來的阻礙，達到淨化。

淨化、集中、投入到一個地步，有些朋友突然體會到——我們可以體會的這一生，還是頭腦的產物；我們真正的自己、大我或者說整體的我、宇宙的我，並不是頭腦能組合的，不是從頭腦延伸的。

我們有個永恆的層面，但是我們平常落入時—空，就忘記這非時間、非空間、不受時—空制約的部份。我們忽略它，接下來當然就是被洗腦，想從裡面再轉出來是非常不容易的。

透過練習，我們提醒自己也許有一個不需要的反應，或是過度激烈的反彈。我們懂了，被自己提醒了，也就可以回到本來就是、本來就有的特質。只要我們還活在身體，還在人間運作，老老實實、規規矩矩、既謙虛又誠懇去練習，透過練習給自己一點提醒，是每天都需要的。

過去，我會遇到一些朋友，他們給我的印象是他認為自己懂了，已經開悟，全部都清楚了，不需要再從別的層面再去練習。如果對方還聽得進去，我還是會跟他說：「不是這樣的，我們想

得太簡單了。」

他們會需要這麼表達，也只是反映了自己還沒有做到，還沒有活出最深的領悟。

我們如果徹徹底底領悟，讓領悟貫通每一個層面，是說不出這些話的。畢竟我們就是自己所想，所活的。說到底，我們就是它。從念頭、情緒、身體、能量……的層面，我們都可以活出它。我們會很快樂、充滿喜悅地歡迎練習的機會。

透過練習，我們只是既輕鬆又快樂地用練習來慶祝、祝福每一天，讓我們的領悟愈來愈扎根，愈來愈深。

我們就是最終醒過來，徹徹底底醒過來，我們還是在活出這些特質。所以在做這些練習，跟我們聲明自己的本質沒有什麼不同。我們的本性透過行為，可以有幾面一體的表達。做一些練習，會有什麼衝突？

懂了這道理，我們會發現全部矛盾都化解了。表面上，我們在練習，但到最後也分不清是練習？還是我們真正的身分在聲明它自己？

我們的表現和領悟已經分不開。練習，最多在聲明我們本來就是的層面。它不是虐待自己，也不是苦修，只是一種不費力、沒有選擇的行為，是我們自然會想做的。

從我們開始修行，到走到最後，都是一樣的。無論是初學或

是到最終的階段，練習都從各個層面為我們自己帶來加持，帶來和真實、和領悟一致的祝福。

練習：諧振式呼吸

我們要達到圓滿心，身體在生理層面的圓滿，會是很好的幫助。

呼吸，本身就是最好的靜坐方法，或說觀察生命、體會真實的一個工具。它有一個特色，也就是同時有自主與非自主的運作。我們可以在一定的範圍內，按照我們的意思讓呼吸加快、變慢、拉深、變淺；也可以完全不管它，在我們注意不到的時候，它還是會自己進行。

這寶貴的特質，讓我們可以透過呼吸來培訓身心。練習時，我們透過意念去影響它、帶動它。熟練了，等我們忙別的事或晚上睡眠，注意不到它，這時的呼吸頻率依然可以延續練習的結果。

透過呼吸，有一個頻率可以帶動全身心的諧振——肌肉放鬆、心率變異（HRV）正常化、自律神經回到均衡，而讓身心落在一個舒暢的頻率、最不費力地運作。

這樣的呼吸非常簡單，也只是 1 分鐘 6 次、5 次或 4 次的呼吸。進行的時候，可以保持舌抵上顎，加深放鬆的效果。

我一般用磬聲和鼓聲來引導，磬聲吸氣，鼓聲吐氣。1 分鐘

6次呼吸，就是吸氣5秒、吐氣5秒，一呼一吸共10秒。我們也可以找一個重複的海浪聲或其他聲音，來輔助練習。

還不熟練時，可能時間還沒到，氣就吸滿了，這時可以輕鬆閉氣，等時間到再吐氣就好。吐氣也是一樣的，如果時間還沒到就吐完了，也就閉氣，等時間到再吸新的一口氣。

就算步調亂了，一下子完全跟不上，也不是多嚴重的事。乾脆停下來，長吐氣幾次，再重新跟上就好。

一開始接觸，可以安排在睡前做20分鐘。輕輕鬆鬆躺著，用呼吸練習來面對休息，如果能做到睡著，那是再好不過。諧振式呼吸的波動可以延續到睡眠中，而又因為睡眠肌肉更放鬆，更擴大諧振的效果。

習慣了，平時做靜態的工作、輕度的家事或慢步調的散步時，都可以同時守住1分鐘6次的諧振式呼吸。我們只是把自己完全交給呼吸，交給身體的波動，不知不覺也就放過「我」的概念帶來的干擾。

做得熟練了，可以將呼吸頻率再放慢到1分鐘5次（吸氣6秒、吐氣6秒）。進一步有基礎了，可以再嘗試4次（一呼一吸共15秒）。

有些朋友平時比較認真，做呼吸練習會格外用力，反而讓肌肉緊繃、吸氣和吐氣變短，落不到這個讓人舒暢的頻率。如果注

意到自己有點吃力，跟不上 1 分鐘 6 次、5 次、4 次的頻率，可以先長吐氣 2、3 次讓肩膀放鬆，再重新開始。

重新開始時，記得輕輕細細吸氣，慢慢吐氣，重複 2、3 分鐘後，呼吸自然會落在一個舒暢放鬆的頻率上。接下來，就把自己交給這個頻率，也就沒有事了。

愈放鬆，愈容易做。愈做，愈能夠放鬆。

這是練習的一個關鍵。

25
友善地化掉每一點阻力

　　中道，也就是面對樣樣，不光是中立，還是帶著一種友善的中立性。

　　見證本來是一種中性的觀念，也就是面對樣樣，我們都是很客觀，保持一種淡然的中立。但中道的中立比純中性的中立再多一些，也就是友善的中立性。抱著中立的態度，但高興地去做見證，帶來愛，帶來慈悲，帶來喜樂，帶來包容心。

　　這樣的見證反映我們的本質，同時符合古人的理想，為我們帶來誠懇、敦厚、溫暖，充滿光，充滿鼓勵，充滿希望。這是中道的見證，或說觀。

　　到最後，我們醒過來，是整個宇宙、整個心、整體來醒我們。不是我們自己醒過來，個體醒不過來的。是整體來貫通個體，整體拉起我們的手，牽著我們回家。或是講更直接一點，是整體來吸收我們、吞掉我們，把我們化解、解構、解散。

　　我們可以看看，這些話現在是否可以接受？

但是，我們活在這身心，多少還是帶著一點摩擦、一點阻礙、一點阻力。我們再怎麼淨化，認為自己已經變成一個空的容器，到最後還是有點影子——我們還是活在這個世界，還是有這一生帶來的隨伴業和阻礙。我們活在世界很認真，認為樣樣都是真的，當然有阻力。

我們足夠成熟，阻礙愈來愈少，也就有機會讓整體來貫通，就像我過去用「短路」的比喻——電路的電阻突然降到很低，可以讓無限大的電流流過去。但我們還有一點東西殘留著，也許是還沒有完成的任務、沒有滿足的心願、空不掉的一點點「我」，讓整體貫通時不是完全沒有阻礙，還會經過這些殘留的習氣和業力而產生摩擦，對身心留下一些印象。好像整體會留下幾個腳印、一點記號、一個訊息，表示它曾經來過。

友善的中立性，是這樣的一個腳印。

我們帶著友善的中立性看世界，這種味道和印象，跟我們醒過來看這世界的眼光是完全一樣的。並不是我們醒過來，就有一個神聖的、特殊的大我、整體、一體在看世界，和小我不一樣，而我們要活著小我／大我的雙重生命。其實醒過來，我們還是只有一個肉體在世界生存。是這個肉體在活，但整體帶著我們走。

整體怎麼帶著我們走？也只是給我們幾個腳印、一點印象，讓我們好像站在一個友善的平台看世界。用這種最友善的方

法，絕對才可以很輕鬆的把這印象，交給這有限、相對的世界，交給我們這個肉體。

我們都會注意到，現在這個時點，世界完全是兩極化，充滿了對立、摩擦和阻力。我們有最方便的資訊來源，隨時可以發表意見。可以稱讚，也可以攻擊。特別在網路上，我們一點餘地都不保留，不想考慮對方的感受，不想踩剎車，想講什麼就講什麼。不用談聖人的境界，光是人和人最基本的禮貌和同情老早被忽略了。

在這種隨時摩擦的階段，友善的中立性在修行的道路上是特別重要，是我再怎麼強調都不為過的。

練習：朗誦

朗誦的發聲，也從另一個角度反映了我們的身心是不是有阻礙，是不是有很多摩擦。

我們都有過經驗：心情窩囊、緊繃時，要講話或朗誦，會感覺聲音很緊，一會兒就沒氣了。如果心情打開、身體放鬆，不光是聲音很放鬆，而且身體沒有太多阻礙，就好像身心成為一個很好的共鳴腔，放大聲音，也擴大心流。

練習前，我們可以體會自己，無論是緊繃、是放鬆，都對目前的狀態做一個誠懇的感恩。朗誦時，無論我們氣夠不夠、身體放不放鬆，只是用友善的中立性來接待——不加評價、不擔心自己的進展，只是歡迎眼前的朗誦，並繼續朗誦。

有趣的是，不去管它，多重複幾次，我們反而氣拉長了，身體放鬆。原本的緊繃、阻力和摩擦不知道去了哪裡，我們愈做愈享受，愈享受，愈容易放鬆。

我時常帶大家朗誦，一方面可以把心收回來，另一方帶來呼吸的大調整，有補氣的作用。從生理的角度來說，帶著鼻音的朗誦，可以刺激鼻竇產生一氧化氮，為呼吸道和身體帶來放鬆，減輕呼吸道的發炎，讓我們愈做愈舒暢。

我常帶領大家朗誦 Om-Ah-Hum，此外也選擇朗誦起來會舒暢的聲音來進行。我通常建議的組合是用子音搭配 A-E-I-O-U 五個母音，並在最後將嘴唇合起來，帶著 m 的聲音去共振。比如「Ham、Hem、Him、Hom、Hum」、「Tam、Tem、Tim、Tom、Tum」、「Tsam、Tsem、Tsim、Tsom、Tsum」……都是可以的。

　　朗誦時，聲音可以拉多長就多長，這本身已經是一個呼吸的練習，讓我們把舊的能量清空，而讓新的能量可以進來。

　　我們朗誦，會帶動身內微微的振動。如果可以的話，搭配光的觀想，聲音到哪裡，光就到哪裡。朗誦到最後，我們不光是聲音愈來愈放鬆，甚至感覺到光擴大開來，流到周遭，流到世界。

　　靜坐前、洗澡時、或單純只是想朗誦，都可以做。有時候甚至不需要唸出聲音來，我們只要去觀想它，就能產生身體生理上的作用，非常明顯。

　　要是氣不足，喘不過氣，就把朗誦的時間縮短一點。重點是輕輕鬆鬆地進行，熟練了，呼吸會自己拉長，而可以帶來提神與放鬆的效果。

　　我們可以在生活的每一個現象找到神聖的空間，包括聲音。每個聲音都是神聖的，練習的過程一樣可以做臣服的功課。有什麼反應或感受，都接受，都放過。感覺舒暢、有光、放鬆……和緊繃不舒服都一樣的，我們都感恩地接受，都爽快地放

過。生活可能帶來一些窩囊和煩惱,我們一樣都接受,都放過。

在臣服的基礎上,我們加上感恩和欣賞的念頭來接待一切,肯定一切。瞬間怎麼來,我們不受影響,只是正向地接受,帶著感恩,帶著歡迎。

再一次,中道就是重點。

26
樣樣都嘗試，都可以套上中道

前面提過，過去的大聖人通常沒有親自留下作品，更別說什麼論、註解、解說、學術論文。我們讀到的，最多是弟子留下的紀錄。

這些經或作品，是弟子認為需要，我們認為需要。然而，大聖人根本不需要。他並不需要記住什麼、翻譯什麼，不需要做什麼動作。他輕鬆得很，知道根本不需要說服任何人，轉化任何東西或任何體。他本身已經是在一個解脫和涅槃的狀態。

經典和作品，是小我需要。練習，也一樣是為了小我——希望小我受到影響，受到洗腦，受到解脫。

對我來說，每個體驗、每個動作、擺一個姿勢、做一點禱告……都可以作為練習。或者說，我們活出可能性的光譜（spectrum of possibilities）的每一個角落，都可以作為練習，甚至成為一個超連結，馬上帶來神聖的空間。

多年來，無論討論的是飲食、呼吸、人際關係、對世界的看

法、習氣的轉變，都離不開這樣的觀念。

每個人的成熟度不同，有時候就像一個還在成長的小孩，樣樣都新鮮，都想去注意、想去體驗。這時硬要讓自己停下來，是停不下來的。我們耐不住，也沒有這種定性。既然如此，就順著這個狀況走。我們在成熟的過程，大可樣樣都去嘗試，對人間全部都可以去著手，不需要排斥或躲開。

我們在可以體驗的範圍內，什麼都嘗試過，到最後也逐漸會變得成熟——發現再強烈的經驗也不過就是又一個體驗，沒有什麼真正新鮮。甚至可能還會覺得有點麻木，都是老早知道的。

我在《唯識》提過印度的聖人阿南達瑪依，對她就是「It's all the same.」樣樣，都是一樣的。沒有什麼值得再加一個頭，或需要去減少什麼。對別人每件事都有一種根本的不同，對她最多只是現象或形式稍微有點不一樣，差別只是在這裡。

如果我們樣樣都嘗過，都經歷過了，這時可能比較容易體會到，任何體驗都沒有什麼新鮮性可談，而且會觀察到一個機制，也就是我常說的回轉到中道。

我有時候也不解釋那麼多，直接帶著大家做數息，示範從呼吸回到中道。

數息的做法很單純：並不需要特別調整呼吸的深淺長短，只是注意呼吸，在吐氣的時候數1，然後吸氣，再一次吐氣，數

2。繼續吸氣和吐氣，吸氣不數，吐氣才數，從 1 數到 10。10 次滿了，下一組呼吸就回到 1，重新數過。

重點只是數息，吐氣的時候數。只要數，不是要累積多少數字，也不是要破紀錄。如果過程分心，有雜念，正好我們可以用友善的中立性來歡迎它——對自己笑一笑，什麼都不用想，只是回到數息。熟練了，念頭和呼吸自然慢下來。我們身心會放鬆，會舒暢，接下來，看世界也會變得正向。

接著再觀息，隨息，或任何練習，我們的注意力愈來愈放鬆，從原本還有一個吐氣要數，到只是看著呼吸，再來呼吸就像是一個客人，它來，它走，我們隨它。

帶著這種正向的味道來做各種練習，不管是呼吸、運動、觀想、態度的轉變、反思……本身會帶著我們回到中道，讓我們歡迎生命、肯定生命，並帶來感恩。

我們的心會轉變。首先，它會影響到我們的生活。我們的念頭慢下來，心流就會出現。每個念頭、每個動作、動機都從心流出來。它會影響我們做事的點點滴滴，不管是小事還是大事，都會往好的方向影響，並且影響我們一整天。

所以，一個很務實的切入點，也就是我們先把健康的譜找回來。身心的抵抗變小，腦海不再需要隨時反彈，我們繼續觀察，慢慢會發現任何現象都差不了多少，沒有什麼好大驚小怪，也沒

有什麼體會特別稀奇。我們會發現這瞬間還沒有來，卻好像已經活過了，樣樣都一樣。

這樣子，我們不知不覺就成熟了，發現自己原本注意是集中在外面，到這時早就自然轉向內心。

27
觀察呼吸，帶著中道的練習

　　順著我們身心的機制，有好多方法可以引導自己放鬆，回到一個中立的地帶，走上中道。反過來，懂了中道，我們即使做同樣的練習，也會發現深度完全不同。

　　我常帶著大家數息之後，接著做觀息。觀息，也只是放鬆注意，好像退幾步，在觀察自己的呼吸。呼吸一進一出，生命也只有眼前的一進一出。這個瞬間來，這個瞬間走；下個瞬間來，下個瞬間走。

　　觀息，我們突然看穿念頭和現象的變化，將生命簡化再簡化，而它本身又是很具體的呼吸練習，熟練了，身心舒暢，我們會歡迎這些練習，甚至捨不得不做練習。

　　一個人輕鬆醒過來，呼吸會慢下來，而隨時可以觀察到呼吸。呼吸，也有它的慣性。我們突然醒過來，不需要刻意去調整，習氣已經有很大的鬆動。

　　我們醒過來，突然看清人間是空的，本來就是很容易改習慣

的時候。雖然說容易，但我們還是要規規矩矩，隨時把一生累積的習氣做個修正。隨時見證，隨時修正，兩方面配合，我們會發現意識轉變會加快。

任何習氣，包括呼吸，都可以當作工具。至於怎麼使用工具，也只是搭配最終的狀態，也就是我們醒覺的狀態、醒覺的成就。舉例來說，「我─在」的呼吸就是這樣的一個工具，讓我們把醒過來的狀態、神或主的身分，帶入練習。

當然呼吸有很多種變化，我也常帶著大家做完數息，接著做觀息。觀息，也就是觀察呼吸。不用去數自己做了幾次，只是觀察呼吸，尤其在吐氣快要停下來的那個剎那，那個瞬間，輕輕注意到它。

把注意輕輕停在吐氣要停的時候，這就是古人 Anapana 的法門（安般念），也是釋迦牟尼佛教給自己的兒子羅睺羅的方法，非常直接，也非常有效。

練習：從數息、觀息，進入心流

　　可以的話，安排至少 20 分鐘到半小時的空檔，讓自己不用那麼緊張時間，可以輕輕鬆鬆充分投入練習。

　　我們找個舒服的姿勢，躺著也可以，坐直也可以，都無所謂。如果坐著，可以盤腿。雙盤、單盤都可以。記得在臀部後方墊一個墊子，這樣挺起腰會輕鬆許多。

　　舌抵上顎。吸氣，吐氣時，數 1。吸氣，吐氣時，數 2。每次吐氣，都加 1。這樣數到 10，再回到 1。做幾輪，都好。

　　雜念浮出來，沒關係，還是回到數息。熟練了，心裡愈來愈安靜，甚至連數數字都懶，也就慢慢把數息轉成觀息，觀察呼吸一進一出。

　　觀察呼吸時，注意力可以放在丹田、胸腔、鼻子，觀察呼吸一進一出，一起一伏。吐氣快要停下來時，稍微注意一下，在吐氣快要結束的那一刻，注意它是不是長、短、冷、熱……或是任何特質。我們只是放鬆或集中自己的注意，用最舒暢的態度來看呼吸。

　　我們本來好像只是中立的，不去影響它，不去調整它，但不知不覺已經轉成了一種友善的中立性。我們只是觀察呼吸，沒有

去影響呼吸，自然會發現好像帶著一種喜悅。帶點歡迎、肯定、感恩、享受的心情，也就影響到呼吸，而把絕對的喜悅帶到了相對的呼吸。

我們醒過來，最多是友善、圓滿、大平靜、平安、快樂、喜悅、慈悲。稍微帶著這種味道，當成生活的背景，來面對一天的任何事、任何瞬間。我們會發現，不需要干涉，光是站在一個神聖的空間，已經影響到這瞬間的內容、瞬間的發生。

這可能是最大的祕密。

絕對影響到相對，是用這個方法建立一個背景，帶來一種友善的中立性。

我們只是透過友善的中立性來看呼吸，欣賞 Anapana ——念頭跟念頭之間，呼吸跟呼吸之間的空檔。不是用一個具體的看法、邏輯或知見去面對，完全只是站在一個平台，好像這個平台就是絕對。絕對的平台影響到相對，我們認為是被動的背景，影響到了前景，將一點印象或腳印落到相對。

如果我們徹底活出這種友善的中立性，做一個見證者。對呼吸做見證、做觀察，我們可能會發現，這種練習要做多久都可以，甚至一天、兩天、三天都是小事。我們只是輕鬆住定在那上面，只是在休息。沒有刻意或費力做什麼，最多只是自在，自在在呼吸上。我們跟呼吸完全同步，融化在一起。呼吸慢，一樣

的,念頭也慢;呼吸停下來,一樣的,念頭也停下來。

　　不知不覺,我們進入了一個心流。心流就是我們,我們就是心流,分不開。

28
「我—在」的呼吸

　　「我—在」的呼吸帶著一點正向、一點舒暢而放鬆的感受，是一個身心會歡迎的練習，也是一種中道的呼吸練習。

　　做「我—在」的呼吸，首先吸氣，心裡默念「我」，把全部能量帶進來，讓自己落在神的身分看這世界；吐氣，默念「在」，把善意和光迴向給地球，送給宇宙。

　　如果是一天剛忙完，身心還比較緊繃，可以用嘴巴吸氣，嘴巴吐氣，做比較激烈的調整。幾次後，身體沒那麼緊了，再回到鼻子吸氣，鼻子吐氣。

　　透過每一口呼吸，我們為自己帶來滿滿的活力，氣也補得滿滿的。最重要的是，觀想自己是主在看世界。想想，主、上帝、佛，會有煩惱嗎？會覺得還有某個東西不完美，需要修正嗎？還是可以放過一切？

　　我們這一生還沒來，一切是圓滿。走了，還是圓滿的。圓滿跟「我」一點關係都沒有。哪怕我們從早到晚忙得很，有多高遠

的理想、多誠懇的願望、多強烈的渴求，還是一點關係都沒有。

做「我─在」的呼吸，也可以保持舌抵上顎。我們好像站得很遙遠，全面站在佛性、神、主的角色來看這世界，活這一生。

帶著一種空靈的觀念來看世界，我們的念頭就少了，而落在一種非時間的永恆、無限大、絕對的心境。最有意思的是，在這種心境，我們還是可以讀書、上班、與人互動。只是推動這一切的，不再全是小我，而是另一個更深的層面帶著我們走。

這是我們最自然、最輕鬆、最沒有選擇的體驗，跟用功不用功、做多少練習一點關係都沒有。這是我們的本質，是我們出生就有的權利和本能，誰也帶不走。

我們甚至不用提醒自己改習氣，到這裡，每一個瞬間的習慣可能已經有了變化。穿衣、打扮、飲食、運動、姿勢、呼吸、思考⋯⋯各種生活習慣都得到簡化，簡化到底。

無論習慣有沒有改變，我們還是一樣繼續做「我─在」的呼吸，站在主、神、佛性做見證，見證眼前的習氣，放過眼前的習慣，只是讓一切存在。

沒有事。

只是頭腦不會放過，還可能一再質疑——為什麼還需要做這些？還要改變？還有一個見證？還要讓一切存在？假如我們都透明化、都懂了，為什麼還要繼續做？

答案就是──

我們成熟、見道、悟道後可能活出什麼？

活出來的，和我們的領悟分不開。比如說，我們對頭腦、對物質、對現象、對世界的需要會簡化到一個地步，幾乎可以說是捨離。我們生活點點滴滴──飲食、呼吸、休息、靜坐、運動、各種練習……會完全和領悟一致。

這是必然的結果。

我們做的，也只是乾脆讓最終可能的結果提前發生，現在就進行。

我們還是規規矩矩去做，一天下來隨時建立新的習慣，樣樣都可以改，一個接著一個念頭改，活出極簡的生命。我們做見證者、感恩……也一樣是把最終的心境，帶到前面來。

整個全部生命系列，或妙勝智的核心，最多就是這樣子──把最終可能的境界和行為帶到最前面，從初學就進行。

一路走過來，這些練習不斷重複而沒有改變，只是隨著自己理解深度不同，愈來愈扎根，而帶動我們的熟練度和成熟度。

這是一個整體的道理──我們把友善、正向的中立性帶到每一個觀察、每一個體會、每一個練習，就好像把最終真善美的平台、大愛的平台帶到人間。

這個友善、大愛、大光明、大智慧的平台，讓我們站在絕對

的層面,而同時看相對的層面、見證人間、體會人類的處境。

　　這樣子,我們注意力的平台移動了。從相對,移動到絕對。從無常,移動到真實。

練習：早上醒來、晚上睡前，做「我─在」的呼吸

「我─在」、主的身分、生命的本質既是練習不來的，但同時也是一個隨時可以做的練習。畢竟它最多是一個提醒，在人生的夢、人間的遊戲裡提醒我們——不勞爭取就有、不用追求就是的部份。

然而白天一般認為「清醒」的狀態，「我」的作用特別旺盛，對初學的我們，要回到「我─在」，有些朋友會覺得要額外踩一個剎車、需要頭腦轉一個大彎，會感覺費力，或感覺很虛，不知道怎麼著手，反而把「我─在」當作一個很難的練習。

這時候，我們也不需要跟自己對抗。順著「我」作用的起伏，把握睡前和剛醒來的時段進行，10 分鐘、20 分鐘，一樣也有很好的效果。

在這個時段，「我」要不正需要休息，要不還沒完全起作用，正好方便我們掌握睡前和剛醒來這種一般認為「不清醒」的狀態來進行——吸氣，心裡默唸「我」，讓自己落在神的身分來欣賞世界，讓神的光充滿；吐氣，默念「在」，把善意和光交給宇宙。

呼吸的長短不重要，我們只是輕輕吸氣，慢慢吐氣。我們是主、是神、是靈性，沒有什麼好急的。我們只是吸氣，吐氣，欣賞周遭的一切，接受一切。一切都好，而都是生命的創造，也都會回到生命本身。

　　如果是睡前進行，不知不覺睡著了，也就安心落在睡眠，在不生不死的本質得到最深的休息。如果是剛醒來進行，盡量保留幾分鐘「賴床時間」，在好像知道、好像不知道的空檔多停留一會，熟悉這種舒服而放鬆的狀態。

　　這種狀態，會是我們一整天的指南針──擴大我們的體會，也不斷為我們的腦海鬆綁，隨時提醒我們一切都好，樣樣都沒有那麼重要，都可以欣賞，可以放過。

29
不費力，停留在本質

「我─在」很輕鬆跟呼吸結合，是非常不費力的方法，完全符合我們所談的中道。做「我─在」的呼吸，站在主、神、佛性見證一切，也就看穿「我」帶來的習慣，包括呼吸。

我們臣服到底，什麼都交出去或什麼都接受，剩下唯一不動搖的就是根本的聰明、生命的本質。我們站在這個本質，就是參，清楚看世界化現，看它消失。

這個本質，也只是「我─在」。

除了「我─在」，我們也可以把它變成「在覺嗎？」、「在觀嗎？」、「在知嗎？」只是對眼前的功能打個問號，輕鬆提醒自己──

「誰在覺？」

或者「覺？」、「在？」

熟練了，提醒可以愈來愈簡短，甚至連一個字都不用。只是點一下，不需要追求答案。它也不會有一個答案。我們最多停留

在「知」、「覺」、「觀」、「在」的源頭。

這些簡單的方法，都把我們帶回到中道。平時，我們還可以從數息到觀息，到隨息，到頭來連呼吸都放過，我們也只是停留在這源頭。

有呼吸，有念頭，我們都知道，都可以放過。這瞬間還沒來，我們就已經把它送走，甚至懶得知道，沒想過要干涉。下個瞬間還沒有來，我們也已經把它交出去，把它完全接納了。或者說，我們已經沒有一種時間的觀念。

在這種什麼都放過，都懶得注意的時候，我們最多是不費力注意到一個聰明的源頭、注意力還沒有出發前的一個點、一種奇點，而好像可以站到它的角度看世界，看一切。

我們帶一個友善的中立性——接納、接受、「Yes!」歡迎的心，來看一切眼前的發生。這種心情，當然影響到下一個瞬間，而讓我們觀察任何事物，可能就把它帶回到心，帶回到一種友善的層面。

這非常有意思。

覺，只是覺——我們念頭自然減少。念頭變少，話也少了，我們安靜沒有念頭，注意就回轉到自己。帶一點正向的味道，我們滑回到中道。

我們不斷地重複這些提醒和練習，方法都是一樣的。唯一的

不同，也只是因為成熟度不一樣，而有不同的體會。

真實不靠做、不靠動，只是單純的存在。如果還要用一點動態來描述這輕鬆存在的過程，也可以借用物理的語言——像樂器調音的過程（attunement），讓接近的兩個頻率直接落到同一組波動上，也就是共振。

共振，指的是跟生命接軌。臣服與參，就是讓我們回到一個軌道、一種心流，跟生命、跟整體達到共振。我們與生命有多接軌，也就決定了我們能臣服到什麼地步，或參的成就可以到哪裡。

透過中道，我們在做臣服，無論注意到什麼，全部可以交出來、可以放過，也可以全部都接受。走到最後，也就體會到一種參的味道。我們會發現，這些方法是幾面一體。無論用什麼方法，最後都會到臣服跟參。

人間只是小事，人間的共振和同步只是後果。一切的方法，一切的經驗，一切的動……全部都可以讓我們回到中道。我們只是沿著自己的路走下去，與整體、與一體、與生命、與心達到接軌。

30
透過中道，從根本改變習氣

　　前面這些練習，都為身心帶來放鬆和舒暢。對身心友善，這本身就是一種正向，也是我們中道和修行的基礎。

　　中道，為純粹的中立性額外加上一個正向或說善意的軌道，確實和單純的見證有點不同。然而，只是簡單加上一點淡淡的善意，我們已經臣服——在心中打開一個可以接受事實、接受眼前、接受千變萬化現象的空間。

　　臣服，樣樣都可以交出去，也是樣樣都接受。臣服到最後，我們體會到還剩下一個源頭的聰明，是能夠接受一切的本體或本能，而我們也無法再將它交出去。

　　我們不斷做臣服，不知不覺就滑到參，停留在這個源頭。心影響到我們的念頭，從這個本能出發，再帶著一點友善的味道，也進一步影響我們對人生的看法。

　　這樣子，我們不光是外殼好像換了，就連個性也有改變。

　　改變成什麼呢？改變成一個友善的人。

採用中道，我們不再重視瞬間的內容，而是完全臣服——把它送出去，或把它完全接受——等於將過去的舊能量拿出來跟宇宙進行交換。

習氣，是能量的累積。生命本來是無限大沒有阻礙，最多是無限的能量流經「我」產生了摩擦，好像慢下來，而在局部得到一種堆積，也就是習氣、習慣、業力。

中道有利於能量的交換，讓我們放掉過去堵塞的能量，讓新的能量進來，這種新的能量代表著全部的可能性。而且這些能量來自無限、來自絕對，對我們整頓的力量、業力轉變的力量也是最大。

懂得這種能量交換的人，隨時可以透過中道取得豐盛，取得新的能量，從早到晚、透過飲食、呼吸、運動，每個念頭、每個感受、每個動作……甚至連睡著了都在無意識中改變習氣，逐步進行徹底的淨化、透明化。

我們輕輕鬆鬆的，從早到晚都可以改，每一個瞬間都可以改——從一早起床開始，首先可以不急著進入今天，而是保留一點時間，停留在這腦海還沒有激烈作用，只有單單純純自己的空檔。多停一會兒，再開始一天。接下來怎麼穿衣服、打扮、刷牙洗臉、打理環境的衛生、上學上班的路線、跟人打招呼、做事的先後順序、東西擺放的位置、開車的習慣、時間的評估、講話的

態度……都可以做一點變更。

　　前面提過，覺察、感受和想，組成了我們的現實。生活裡點點滴滴的行為，例如講話，也是集中了覺察、感受和想的後果，都在反映這三個基本的機制。我們從行為和習慣的改變著手，正可以從另一個層面解開機制與機制的連結，鬆脫制約。

　　我們不是針對過去的習氣去做檢討或修正，只是給自己一個新的選擇。生活的點點滴滴，我們都可以有新的做法，讓自己啟動新的迴路，放過舊迴路。一天選擇一個習慣來進行，第二天再加一個，第三天……繼續疊加上去，讓新的行動，變成我們新的正常。

　　如果有時候做不到，一樣地，我們可以回到中道，帶著友善的中立性——不需要評價自己、評價眼前，輕鬆放過自己，自在做一個見證者，看著自己還有些習慣比較黏，感恩地給自己一點時間，包容眼前做不到——反而念頭就安靜下來，讓我們住定在瞬間，自然落到一種無條件、非時間的狀態。

　　我們會發現，透過中道，只是做個自在的見證者，其他的什麼也沒做，但成熟度一直在增加，而可以一路走到底。

　　我們有肉體，是業力組合的生命，難免會受到環境和過去的影響而有一些起伏，讓我們感到萎縮、受傷，而有時候對自己友善不起來，也做不到單純的中立。

這時候，還是可以回到前面的功課：舌抵上顎、「我—在」的呼吸、數息、觀息、靜坐，把心安靜下來。如果還是靜不下來，可以運動、整理環境……讓這波能量刷過去，再回來靜坐，或做臣服和參的功課。

不知不覺，我們又可以輕鬆自在回到中道，回到友善的中立性。也就沒有事了。

練習：不要看時間

我在《時間的陷阱》談過一個觀念：時間是個「癮」。

許多人都是時間的奴隸，甚至睡到一半，三更半夜起來第一個動作就是看時間。好像全世界都休息了，就剩下我們還需要掌握時間的資訊，還需要掌控生命的上一步、這一步和下一步，不能錯過一點點。

我通常會勸身邊想修行的朋友，生命不需要抓這麼緊。生活裡真有那麼多事，是我們現在不緊繃起來、不準備起來，就面對不了、應付不了的嗎？如果我們連一點點時間的資訊都放不過，這一生還有什麼敢放掉的？

前面提過每天改變一個習氣，試試看，找個時段或週末的一天，不看時間。

少了時間的資訊，體會一下自己是不是真的少了什麼？還是剛好相反，我們反而得到一個機會，把時間的作用踩個剎車，可以充分放鬆在眼前，讓意識擴大，甚至活在心流中——注意力從時間回轉到自己，體會到什麼是心帶著我們活，什麼是沒有催促、沒有時間的平安。

31
波羅蜜：現在就活出最高的領悟

我們走到中道，早晚會發現可以輕鬆活出聖人的心境，也就是佛教所稱的波羅蜜。從心態到行為，可以活出多少，也反映了我們的成熟度。到最後，我們頭腦、身體、意識完全貫通，點點滴滴在生活裡運作，從表達、風度、心態、決策……無不流露最高的領悟。行為，就成為我們領悟的總結。

南傳佛教的十波羅蜜和北傳佛教的六度，都把般若智慧放在最後，代表這是領悟最終的圓滿。至於我們是不是圓滿，也看能否在每個層面活出智慧。這些層面不光是肉體，還包括感受體、思考體、靈性體，而都離不開能量的轉變。

最終的領悟，並不是光靠理論或是與別人分享就能達到的，一個人即使懂得理論，甚至能講課，但心可能還不夠安定，還充滿波動。他不在一種最穩重、最踏實的狀態，環境一帶來考驗，馬上受到影響，情緒立刻起伏。

從幾十年來的觀察，我想還是有必要隨時提醒追求真實、追

求真善美的朋友——其實，行為層面的磨練與領悟同樣重要。

另一個很重要的觀點，也就是我們可以把醒覺最終的結果、最終的體驗、最終的境界，也就是波羅蜜，帶到一開始當作一種練習和提醒來進行。既然我們醒覺最多是活出這種境界，那麼現在就可以把這些境界變成我們的行為，變成我們的生活。

雖然嚴格來說，沒有什麼東西真的叫「醒過來」，但我還是常聽到類似的問題：是不是一個人懂了，就完全醒過來，不再需要練習？還是說練習是天天都要做的？

我的回答一向是：當然要天天做。即使我們認為自己已經醒過來，還是從早到晚有機會就做中道、回轉、靜坐、反思。為什麼需要特別停下來？

並不是說我們見道就可以不用練習，也不是認為真實應該不費力、沒有選擇，就乾脆把波羅蜜擱在一旁，只是坐著等它發生。嚴格來說，一個人最終也許不費力、沒有選擇地自然活出波羅蜜，而另一個人也許必須費力透過選擇來活出這條路，兩者都是一樣的。

釋迦牟尼佛很早就提出波羅蜜的重要性，特別到後期，更是時常用這些行為來提醒弟子。我們在人間，能量和物質的密度太重，就像陷阱或流沙很容易讓我們陷入其中，無法看清一切。即使一個人見道，也不見得能完全看清，不見得能隨時定在內心的

神聖空間。

　　我們就是需要費力選擇，把活出波羅蜜當作一種工夫來修行，也達到了修行的效果。從行為著手，不斷為自己建立一個神聖空間，不斷在進行反思和提醒。

　　前面提過我年輕時到處拜訪老師，其實在我心中，六祖、拉瑪那・馬哈希、釋迦牟尼佛、彌勒佛、藥師佛已經是最好的老師，他們帶給我的，早就一生用不完。至於在人間的尋找，並不是需要從老師再學到什麼高深的道理。我真正想知道的，是他們怎麼運用方便法，也就是在人間怎麼引導弟子，怎麼過平常的生活，面對人間的挑戰。

　　從這裡，我發現這非常不容易。即使老師有很深的領悟、禪定可以到很高的境界，不見得能跨過這個世界的門檻。遇到人與人的摩擦、男女的關係、肉體的病痛不對勁⋯⋯有時甚至比一般人還看不開，更別說活出最高的領悟。

　　這難免讓我去想，這些老師是否隨時都在自己的神聖空間？還是老早被帶走了？也讓我體會到一個人能隨時定在自己的神聖空間、隨時活出波羅蜜是多麼不容易。

　　我才會說，反省、靜坐、練習是我們每個人隨時必須做的。我們隨時練習，透過中道，不斷將自己淨化，和真實與心做一個接軌。遇到事情，感到壓力，感覺自己守不太住⋯⋯也一樣

採用中道來進行。就算有反彈,也沒有關係,繼續練習。

　　無論我們的修行到了什麼地步,是初學還是很有工夫,隨時都要用功,隨時都要建立神聖空間,隨時都要謙虛,隨時都要靠信仰走下去。

　　走到最後,是靠對真實的信心才可以度過,而不是單單靠聰明和領悟。

練習：透過波羅蜜，
帶領這一天，欣賞這一天

我們將古人的波羅蜜整理成一個表格，一共有 15 種，也就是從不同的行為或心態，反映我們領悟的程度。

布施、持戒、忍辱、精進、般若（智慧）是南傳和北傳佛教都提到的特質，而南傳佛教另外強調出離、真實、決意、慈、捨，北傳佛教強調禪定、方便、願、力、智，這當然反映了它們各自著手的重點。

對我來說，無論哪個派別、用什麼名稱表達，不外乎是讓我

南傳十波羅蜜				
布施 *dāna*	持戒 *śīla*	出離 *naiṣkāmya*	忍辱 *kṣānti*	真實 *satyá*
決意 *adhiṣṭhāna*	慈 *maitrī*	捨 *upekṣa*	精進 *vīrya*	智慧 *prajñā*

北傳六度 / 十度				
布施 *dāna*	持戒 *śīla*	忍辱 *kṣānti*	精進 *vīrya*	禪定 *dhyāna*
般若 *prajñā*	方便 *upāya*	願 *praṇidhāna*	力 *bala*	智 *jñāna*

們做一個簡單、不執著、凡事清清楚楚、爽快有魄力、穩重、勇敢、懂得體諒而且厚道的人。

布施，讓我們活出放下，懂得放過，而能體會自己和別人的需求，用愛心來對待。**持戒**，幫助我們守住良好的生活習慣與道德，為自己和別人創造一個穩定的環境。遇到人間的不順、不對勁，面對內心的糾結和反彈，都可以放寬心來度過，這種耐心帶來的空間，也就是**忍辱**。全心投入真實的追求，勤奮練習，不怕困難，我們也就活出**精進**。**般若或智慧**（*prajñā*）指的是超越的智慧，讓我們懂得看穿現象的變化，可以活出圓滿。這是南傳和北傳佛教都看重的特質。

我們懂得在現象之外，有絕對而不會因著變化生滅而動搖的真理，也就是**真實**。明白真實和圓滿不在人間，也就會放過人間的現象變化，產生**出離**的心。充滿決心，不會被一時的念頭感受而動搖自己的理解，也就是**決意**。懂得溫柔對待自己和別人，這種愛心也就是**慈**。對樣樣都看得一樣，不執著，也不排斥，都是平等，也就能夠放過，達到一種**捨**（或說**等捨**）。這是南傳佛教所看重的特質，認為這些特質可以幫助我們走到解脫。

北傳佛教還強調**禪定**的練習，讓腦海淨化，身與心落到和真實一致的頻率。我們對真實的理解貫通了，也懂得用一些**方便**的比喻或手腕，引導身邊的人走出煩惱，追求真實。看到大家都有

一樣的煩惱，也有相同的解脫的本質，我們會發**願**，希望幫助彼此，一同走上真實。我們看穿人間是虛的，也就有勇氣、有魄**力**支持自己、幫助身邊的眾生非眾生走自己的路。懂了真實，也就有足夠的識別、洞察、分別**智**，可以幫助我們對於哪些行為和領悟一致有一定的敏銳度，而少走許多冤枉路。

過去，我在《真原醫》用「好事壞事紀錄表」幫助大家對自己的行為做一種簡單的回顧和調整。在這裡，我們也可以自己製作一個表格，用習慣的手帳或手機的記事本做一點紀錄，拿這15個波羅蜜來反思。

每一天，我們可以集中在15個波羅蜜的其中一個，早上先想想可以怎麼讓這個品德帶動一天，像是讓我們懂得用方便智慧來面對難題，或是懂得布施──學會放手，將東西送給需要的人；一天結束後，回想這個品德對自己一天下來的影響，無論成果如何，過程是不是順利，都記得欣賞讚美自己的努力。

一天一個，一個月，我們可以透過這15個波羅蜜為自己帶來兩輪反省和鼓勵的功課。熟練了，我們也可以第一天集中在布施，第二天集中在布施、持戒……每天都疊加上去，從各個角度幫助我們消除自己的盲點，圓滿自己的理解和領悟。

老老實實進行，對我們的意識轉變和成熟會帶來不可思議的作用。

32
練習，不分初學與資深

　　這個主題太重要，我認為需要獨立一章換個角度來補充。

　　一般說到修行的進展或境界，我用過一個比喻，也就像是意識海、整體、一體在這個人間、在我們身心落下一個腳印，留下一點印象。

　　如果我們希望透過中道領受這印象的作用或影響，最好的方法，還是帶一點正向的念頭來進行，也就是前面提到的友善的中立性。

　　按定義來說，中立性是不分好壞的，但我們受心理的作用影響太大，帶一點友善，就像前面提到的，能克服身心和業力帶來的阻礙，而讓修行成為一件快樂的事。

　　另一方面，既然我們醒過來後，還是會活出波羅蜜。波羅蜜最主要的一個方向，也就是我們隨時可以活出感恩、友善、最高的道德，帶給別人光明和鼓勵，堅定向前行⋯⋯濃縮起來，也就是善意和正向。這是我們醒過來後，對人生會承擔的行為、會聲

明的看法。

我們的轉變可以是幾面一體,有些人是透過正確的觀念帶頭,而有時候是行為來帶領轉變。既然我們修行的路走到最後,醒過來,就是友善看這世界,友善處理事。那麼,乾脆把友善的行為帶到修行的一開始。將終點變成起點,在初學的階段就進行。這樣一來,也就從根本消除了初學或最成熟修行者的區別。

將一個人最終的境界,當作初學的練習,差別最多是體會的深度不一樣。

想法,影響到我們怎麼看世界,也反映我們對真實的領悟。一般頭腦本位的想法,會認為觀念和頭腦的作業有帶頭的作用。但是反過來,行為(身體的肌肉動作和神經迴路的組合)也在回頭塑造我們的世界觀,所以從行為著手,還是有機會強化我們的成熟度。

比如說,舌抵上顎。面對初學的朋友,我從一開始就提醒可以隨時做舌抵上顎。當然,時間久了,我們可能會麻木,或者就忘記做了。但當我們走到最後,發現自己還有雜念,這時候,很輕鬆地做一個動作,也就是舌抵上顎,注意力突然回到舌頭上面,這時的效果和作用已經遠遠不同。

遇到失眠,念頭和情緒不斷浮出來,一樣地,回到舌抵上顎。這時候,同樣是舌抵上顎的動作,對成熟的修行者,所帶來

的提醒的力量很不一樣。差別就在於，比較成熟的修行者，透過自己對真實的領悟和舌抵上顎的練習，讓散亂的注意力沉澱到身體，與身體的氣脈能量做一個完整的整合，也就是建立一個新的放鬆的迴路，讓這個迴路圓滿。

熟練了，只要做，全身放鬆，氣脈通暢，念頭也就減少。我們自然懂得什麼是圓滿、沒有事、一切都好。身體懂的，和腦海已經分不開。到頭來，舌抵上顎已經不是一個練習，而只是從身體的層面來提醒——我們本來就在一種最佳、最放鬆、最舒暢的狀態。

就算有時候，我們做不到——沒辦法做一個見證者，沒辦法做完全的臣服。但在念頭、話語、行為透過友善的中立性來反應，像是對每件事或每個反應加一個「Yes!」，對世界的點點滴滴完全可以包容，完全接受。這一點正向的味道，自然會影響到一天下來的行為。

我們透過行為做練習，活出波羅蜜或八正道……熟練了，很快就能進入這個迴路——讓行為變成一個超連結，打開心的神聖空間。

這幾十年，我發現大家情緒非常不穩定，人和人之間充滿隔閡與防備，動不動就有許多憤怒的情緒需要排解，對樣樣都看不開。在這種情況下，我們過完一天，到晚上要能收回注意力，這

難度是非常高的,更別提隨時回到心了。

正因為如此,我額外用許多作品和講座去強調運動、飲食、呼吸——這本身對體質調整相當重要,也幫助我們走出一種很黑暗的創傷的狀態。再加上情緒管理、改變習慣、心靈聖約(感恩、懺悔、祈望、回饋)的提醒,也就是希望幫助我們一整天在點點滴滴的動態和行為都能守住自己的注意。

從各個層面,我們一再地練習,這個新的迴路愈來愈完整,作用愈來愈透徹,而效果能夠主宰一切。做得熟練了,光是舌抵上顎的動作,本身就變成一種超連結,將自己立即帶回到神聖的空間。

我們堅持練習,不放棄,抱著最初的熱心,是不會覺得無聊的。我過去看到會失敗的例子,就是因為感到無聊,而不斷在找新的方法。每樣都做做,但都不熟練。

這個新迴路的穩定性會影響我們。如果能克服頭腦表面的無聊,不放棄,一直走下去,會發現最後回轉的效果遠遠更大。只要透過一個練習或提醒輕輕點一下,會愈來愈容易,甚至會「上癮」。到時候,要把它停下來,我們還會捨不得——捨不得不做,捨不得不讓自己快樂舒暢起來。

試試看,看我們這一生有沒有這種信心,認定這些是可以活出來的。我們親自去體驗、去領悟,找出自己的答案。不然讀再

多、聽再多，這些話還是一種理論的境界。

　　我們把最終的領悟、活出的行為帶到最前面當作練習，這就是我們可以不斷往前走的穩定基礎。

　　透過練習，我們只是不斷在聲明本來就是的層面。不是光在腦海重複，更透過身體的每個動作、每句話、每個念頭，我們老老實實地活出了聖人留下來的指南針——佛陀的智慧、耶穌的大愛……

　　我們只是敦厚、優雅、有風度，對人有禮、有尊重，為人帶來希望和光，將一切往最好去解釋、去想，不說謊，不去做沒有道德的事。對世界、對自己、對一切都帶著最高的善意去看。

　　這些行為，不只是指南，而是我們活一整天的正常。我們將生活習慣點點滴滴改過來——在每個動作、每個念頭、每個感受重新開始。從早上一睜開眼睛，到晚上閉眼入睡，每天改一個習慣，就好像我們已經重生。

　　我們不斷建立新的迴路，不斷往心內投入，而不是飄浮在心外。不知不覺，人間已經不再影響得了我們。

練習：你可以放過嗎？

我們做許多練習，改變習氣，活出波羅蜜……說到底，也是要提醒自己「可以放過嗎？」、「可以放過眼前這個世界？」、「可以放過頭腦的詮釋？」、「可以放過小我嗎？」

在生活裡遇到一些狀況，會讓自己激動起來，安靜不下來。這是我們每個人都有的情況。重點不在於要不要反彈，也不是要不要採取行動去反制。現實生活中，該做什麼，都可以去做。同時，我們也可以把握這個瞬間，當作一個練習的窗口。

如果發現自己又「跳起來」，又激動了，又有好多的反應、質疑和不順眼時，問一下自己：「可以放過嗎？」

不用勉強自己馬上放過，只要問自己：「可以放過這次的放不過嗎？」無論自己回答什麼，也只是繼續問：「很好，這個也可以放過嗎？」

放過，放過到底。連自己做不到，都可以放過。

這樣就好了。

這個練習就是這麼簡單，試試看。

33
頭腦的騙局

前面提到，畢竟這世界太濁重，我們需要隨時回到中道，透過練習和提醒，為自己建立一個神聖的空間。還有一個提醒，對我來說是非常重要，可以說是修行最難避開的陷阱。

我們頭腦非常精明，非常狡猾，有各種欺騙自己的方式，包括把一時的衝動包裝成靈感，讓我們相信是神、主、佛、一體引導我們做決定，而且還是一個神聖的決定、靈性的決定、正確的決定。很多人走修行的路，就這麼愈走愈偏，但還認為是心在帶著走。

我過去只要有機會就會提醒，再強烈的靈感、啟發，或身心突然打開，體會到一個人間沒有的境界，心裡浮出一個聲音……要注意，可能還是頭腦的產物，頭腦的運作。

有些人因此就離開工作，離開原本熟悉的地方，想放下俗世的一切去專修。我也會提醒，要小心，我們以為是心帶著走，其實不一定。可能還是因為我們不夠成熟，一受到環境的挑戰就想

找一個出口，好避開眼前的壓力。

幾十年來，我觀察到的例子，可以說都是頭腦在運作。特別是我們假如放不過小我，那小我更要主張是心在帶著走，但一點都不是。

這也是為什麼中道、友善的中立性是如此的重要，讓我們面對各種現象，都是平等，而自然不斷地臣服，臣服到底。

再深刻的領悟、再神奇的靈感，再玄的意識擴大和膨脹的體驗，我們還是要放掉，還是要臣服。我甚至會提醒，就是佛陀入夢，天使長落在眼前，我們還是要放掉。假如我們看到魔或是一些奇奇怪怪的現象，讓人恐慌害怕，還是可以把它放掉。

面對一切頭腦帶來的現象，只是讓一切存在，單單純純地存在，不斷地臣服，臣服到底，我們落到參的門口，突然發現──咦？誰還有這些念頭？還有這些印象？還有這些錯覺？

當然答案是自己，是「我」。

那「我」又是誰？

中道就是臣服，再帶著一種幽默、正向、肯定的念頭。這樣走到底，我們會發現，一路上會有許多事件觸發我們的反應，會有種種的靈感，但這還是業力的運作，是因─果的組合。我們沒有離開過因─果的作用，只是過去自己不知道，還以為自己達到了一種成熟度。

不光內心的境界是頭腦的產物，我們抓得很緊的一些修行的原則，也可能還是頭腦的產物。

頭腦會發明很多標籤，讓我們以為某件事和修行有關，甚至當作修行的路標。像是我們可能會期待一個人靈性成熟了會長得什麼樣子、怎麼表現、有怎樣的風度。或是一個見道的人要怎麼回答別人的問題、怎麼面對世界……無形中，我們又設立一整套規則，新的制約，化作一個系統套上去。

就算我們幸運遇到一位好的老師，或是接觸到釋迦牟尼佛、耶穌留下來的指南針，也很可能陷入頭腦的騙局，捲進制約和規矩的流沙，看不到邊，根本沒有想過從裡頭解脫。也許一生，甚至一生又一生充滿了宗教的念頭，充滿了規矩，充滿了原則，指教自己、指教別人，認定什麼該做什麼不該做，認定「道」應該是什麼樣子……

多麼荒謬。

心，什麼事都沒有。心，本來一切圓滿。是頭腦不斷地不圓滿，頭腦要找方法來批評。是頭腦找問題，有質疑心。

心，根本沒有什麼東西可以衡量。一個人走到最後，發現什麼事都沒有，甚至不會想到有什麼叫做圓滿，什麼叫做完整，什麼叫做喜樂。本來就是在一個最佳、最放鬆、最根本的休息的狀態，他根本沒有事。

但是我們站到頭腦會批評，甚至遇到一位老師也要指教。這是我覺得最不可思議的，我們會認為老師該怎麼教、該展現什麼風度、該用什麼語氣表達、要投入或避開怎樣的任務⋯⋯總之，按著我們的理想來包裝最好。哪怕這理想根本禁不起檢驗，只是過去習氣和業力的累積，我們還是想套到眼前這位老師身上。

　　如果老師不符合我們的理想，我們還要說一些充滿情緒的話，生怕老師體會不到。再不改進，我們恐怕就要離開這個老師，再找找看有沒有比較順眼的老師或道場。

　　最有意思的就是，心不會批評，不會在意。只有頭腦在意這個，在意那個，在意公平不公平⋯⋯幾十年來，我看過很多類似的情況，幾乎沒有例外。許多朋友追求真實或修行，就這麼重複再重複類似的經過，而回想起來，只是充滿了失望和不諒解。

　　這種門檻，從我觀察到的實例來看，是非常難度過。即使有時候接觸比較成熟的修行人，都在當老師了，我還是會發現他們帶著明顯的期待，也常對人批評、質疑。然而，心，根本沒有這些。什麼是好壞、該做不該做⋯⋯心根本沒有這種觀念。心完全是寧靜，連一個讓它想批判的出發點都沒有。

　　這些看法、決定、出發點，全部是頭腦在領導，而不是心。這就是為什麼中道這麼重要。

　　走這條追求真實的修行路，無論是初學還是資深，我們如果

身邊沒有好的老師，可以用臣服再加上參，只要有勇氣和決心透過中道做到底，可能過去這些頭腦的現象也就跟著解散，不會再佔領一切、主導一切。

34
面對氣脈和能量的現象

頭腦喜歡現象的變化,讓它有東西可以注意,可以捕捉,可以透過各種解釋又創立一套學問,也就這麼走偏了。也因為如此,我過去很少跟人談氣脈和能量的現象。即使類似拙火覺醒(kundalini arising)這種快要入定的境界,也很少討論。

會入定,也就是全部氣脈開始打通了,沒有阻礙。首先身體沒有阻礙,在最細的層面,也就是穴道氣脈,也沒有阻礙,全部是通的。從頭到腳底、腳底到頭頂都是通的,這樣的狀態一般會說中脈打通了。

中脈一打通,會有個現象。我們有身體,有生物的層面,中脈打通的經過,會讓最下方的海底輪有一種能量,像兩條蛇左右交纏從下往上捲。用兩條蛇來形容,也就是表達古人早就知道的,位於中脈兩旁的左脈(ida)和右脈(pingala)。中脈通了,左右兩脈就像蛇往上爬一樣捲上去。

人在這時候,脊椎會挺起來,完全入定,感覺自己和天、地

都是通的，天人合一。這會帶來一種歡喜，讓人一生難忘，甚至比過去在兩性間嘗到最大的快樂還要遠遠更強烈。人會突然認為自己無所不在、無所不知、無所不能，甚至可以化生一切。

從別人的角度，看到的是物質層面的化生。但是從他個人，一切都是一樣的，就連天和地都是合一的，還有什麼東西是心？有什麼東西是物質？唯物跟唯識完全是一樣的。在物質層面看到的現象，也只是整體透過螺旋，透過神聖幾何而展現。

一般人會說這是神通，好像一個人沒有什麼東西不知道，沒有什麼不能，沒有哪裡不在。在這種狀態下，他可以講課，而可能特別精彩，特別有魅力，有各式各樣的靈感，自然吸引很多人來聽，而成為一般人心目中的大師。然而，這種能量太大，通過身體也可能從性的層面爆發開來。過去有些大師，可能被自己帶著做一些不妥當的事，和弟子無論男女，發生肉體的關係。在這時點過不了關，接下來完全走歪。

為什麼我會說中道的基礎那麼重要？也一再提醒我們隨時用各式各樣的練習，在人生每個角落做一個回轉。這種時候，就要靠這種工夫來過關。

這也是為什麼，一般修行會強調要有一個好老師。但我前面也提過，尤其現在這個時代，世界往下拉的力道太黏、太重，連老師自己都不見得能過關，更別說確保弟子能度過這些關卡。

所以，我才會強調練習，尤其是中道。

這種時候如果可以做中道，在拙火升起時，可以把種種的發現、體會、感受⋯⋯都看穿，而把注意回轉到自己，把一切看的是平等。這種回轉，產生的力量會非常大。

我用一個比喻來談，我們修行，也只是停在大我的門戶，讓宇宙、上帝在前面伸出一隻手把我們拉回家，這力量遠遠超過我們個人。如果同時還有一個拙火的力量在背後推，會非常激烈加速我們發展成熟的過程。

過去的大聖人見道、頓悟，都懂這一點，也會提醒──這時候，更是要加倍謙虛，加倍自我檢討，知道自己不是無所不知、無所不在、無所不能。

這時候，也只是回到中道，而發現樣樣都一樣。既然樣樣都是一樣，還可能會忍不住要佔便宜，過不了眼前的關嗎？

這是不可能的。怎麼都不可能發生的。

然而，說不可能，是度過了才有資格講。

在過去修行的經典，我幾乎沒有看到任何人談這方面的提醒。從我個人的體會，這對我們一般人，是非常難。

首先，我們隨時活在一個快步調的世界，能夠將腦海的運作踩個剎車，看穿人間，可以用中道回到源頭的聰明，回到這根本的本能，已經夠難了，幾百萬人也不見得有一個。我過去會說就

像獨角獸一樣稀有珍貴。

然而，即使對這樣難得的人物，這一關，仍然是非常艱險。

之前我很少談這些，畢竟只要一談氣脈的現象，特別是提到人間沒有的大喜樂、化生的神通、或像龍樹菩薩到龍宮去聽釋迦牟尼佛講經⋯⋯有些人一聽馬上被吸引，對這種人間沒有的大喜樂、神通、很玄的資訊和境界更感興趣，想要得到別人沒有的快樂、能力和知識，早就把中道拋到腦後了。

這一次，是等著大家的成熟度差不多了，才大膽分享出來。

練習：可以讓樣樣自己存在嗎？

外境、頭腦和身心的反應，對我們都是一樣的。樣樣，都可以讓它存在。

面對一切變化，好的，壞的，我們可以反應，可以讓步，也可以問自己：「可以讓它存在嗎？」

面對修行，也許有我們認為的進展，也許有所謂的退步，問自己：「可以讓它存在嗎？」

面對身心的受傷、不舒服、種種好的感受、不好的感受，問自己：「可以讓它存在嗎？」

無論可不可以，問自己：「可以讓眼前的念頭、感受、體會……自己存在嗎？」

熟練了，可以將這個提醒縮短成：「可以存在嗎？」、「存在嗎？」或「在嗎？」甚至連字都不用，也許只是心裡一種放過的感受，馬上帶來一個超連結，讓我們回到神聖的空間，跟真實沒有距離。

人生的波浪，我們也是一樣的，單單純純讓它自己存在。就這樣，我們已經臣服，站在中道，隨時回到心，回到家。

「在嗎？」

35
Neti Neti 都不是

在人間，任何可以看到、可以想到的，都是現實的一部份。這個現實，是用覺察來理解的。前面提過，覺察（包括五官的知覺）經過思考與感受的綜合，三合一組成這個現象的世界、現實的世界。包括氣脈和能量的變化，也離不開這樣的組合。

關於人間、世界、現象是怎麼組成的，恐怕我再怎麼重複都不夠。畢竟組成人間的，跟想從人間解脫的，是同一套機制。我們也許突然懂了，但一轉頭，同樣的懂，也可以拿來加強人間，成為制約。

然而，*neti neti* 就是在提醒我們「不是這個、不是這個」。也就是說，這個現象的世界，包括氣脈、能量和境界的變化，什麼都不是——不是我們在找的解答，不是真實。

一路「不是」下去，到最後「是」什麼呢？剩下根本的聰明、本體、本質，而這是無法用語言表達的，它存在於另一個層面。我們能夠表達的，都還是屬於現象，是五蘊的組合，還是落

在局限裡。

我們最多只能有一種洞察，但這種洞察無法用語言講，它和腦海二元式的邏輯不在同一個軌道，不在同一個層面，也就是不在人間的範圍。我們怎麼去探究、怎麼去嘗試，都表達不來的。

Neti neti 本身是一個中道的觀念。就像前面講蘇格拉底的辯證法，任何可以體會、可以主張、可以聲明的，都是站在一個有限、有條件的前提上，而不足以代表真實。透過 *neti neti* 或蘇格拉底的辯證法，我們不是為了找到一個「比較沒那麼錯」的「對」，不是找到一個在人間不會犯錯的主張，而是在這辯證、不斷否決的過程，意識到自己主張的不足，將注意打開，從眼前的現象和對錯回轉過來。

我們透過 *neti neti* 不斷從眼前或心中的現象回轉過來，不斷往內投入，走到最後就是不斷地臣服。臣服什麼呢？把我們這一生所看到、體會到、觸碰到的全部交出去，或者接受。

全部接受，與全部交出去是一樣的，與臣服是同一個意思。

我過去常用火的典禮來帶領大家，雖說是一種淨化，但也是中道的練習。面對眼前的火，我們把頭腦想的東西送出去，送到火裡。痛苦的記憶、自責的念頭、放不過的期待、流不完的淚⋯⋯都交給火，讓火燒得乾乾淨淨，跟著火一起消失。

現在，我們懂了中道，也熟練了在每個角落都可以進行——

每個情緒、每個念頭、每個失望、每個期待、每個覺受、眼前或心中浮出來的一切、夜裡浮現的擔憂⋯⋯我們並不需要透過某種特定的儀式、儀軌或修法，不需要守住某個特殊的時辰，才能做自己的修行。我們已經懂得怎麼用友善的中立性來對它、對待自己，而可以輕輕鬆鬆把它送走，或是把它歡迎，容納起來。

　　本來 *neti neti* 的意思是對著眼前的一切，聲明「不是這個，不是那個」。和中道結合起來，轉到心裡面，*neti neti* 就變成了「不是這個，不是這個」。但既然什麼都不是，我們也會發現可以「是這個，是那個」。

　　我們可以接受，儘管知道不是絕對的真實或一體，仍然沒必要否定它。我們可以接納一切，包括眼前，包括心中。

　　放過，和接受，都是一樣的。

　　我們做熟了，連還沒完全啟發、還沒延伸出來的念頭，還沒有完全成形，只是一點隱隱約約的影子，都能夠體會到而從它轉回到心，輕鬆地接納，歡迎，放過，讓它消失或完成自己。

　　不光是 *neti neti* 本身含著中道的味道，與中道分不開，其實，透過中道的理解和實踐，幾乎所有的練習都可以套上去。無論我們自己認為在哪個階段，是初學或是最終，練習都是一樣的，只是深度不同。

　　對初學的我們，頭腦總是在一個相對的世界不斷打轉，看樣

樣都是分別與區隔，充滿二元式的運作。講 *neti neti*「不是這個，不是那個」的提醒，也自然就是在相對世界的範圍裡提醒自己——不是這個相對，不是那個相對，樣樣都不是。在這個世界的範圍內，都不是真實。

走到中道，我們頭腦已經比較安靜，「我」的作用不那麼強烈，突然發現有一個層面可以稱為是心。中道，也就是回到心，回到絕對，回到共同而唯一的一個意識。這個層面，我們沒辦法用語言、思考、任何表達來描述，但是我們好像在某一個層面又慢慢懂了，逐漸有一種直覺和靈感。

這時候，透過 *neti neti* 的提醒，我們可以落在一個更大的「無我」的層面，欣賞著念頭起步、語言發出來、身體延伸出各種動態，一切清清楚楚，而我們只是享受眼前的覺。

這時候，還要提醒什麼？

這種提醒，最多也只是好像我們終於發現——竟然可以從另一個角度看世界。過去連想都想不到，不認為可能存在，而我們現在隨時可以回到心來看一切。

36
是清醒的嗎？

　　我們採用中道的精神，走到最後，自然會走到臣服，回到奇點，回到源頭的聰明。

　　練習，離不開我們親身的體會。我們如果對自己的動機、對周邊、對心裡有清晰的認識，意識得到自己當下的感受，也可以看到自己此刻反應的動機，我們已經走上療癒的路，進入修行的朝聖旅程。

　　我們只要能隨時踩剎車，不要一路迷迷糊糊往前衝，也就有機會稍微擴大自己的視角，從更高層面看自己。

　　很早我就借用哥德爾定理，用數論的比喻來表達——我們要跳出目前的困境，是要在一個更廣、更高或更深的層面，才可以真正把眼前的問題看穿，甚至可以找到解答。

　　這一點，是從古人到現在都知道的。

　　如果我們一天下來，完全沒有機會踩個剎車，沒有機會反思、回轉，那麼這一生走到最後，究竟學到了什麼？

學到的，不應該只是技術層面的資訊或知識，那些說到底有什麼用呢？如果我們換了一個世界，甚至只是換個地方生活，那些知識也要跟著變更，又要重新學過。或者如果我們換了另外一種聰明、覺察的機制，學來的整個知識體更是一點用都沒有。

我們真正重要的演化或進展是在靈性的層面，而不在我們認為有的這個世界。進展，指的並不是在物質的層面變成一個更發達、更進步的文明，而是我們認知的典範從 3D 到 4D、5D、6D……愈來愈廣、愈圓滿、愈完整，這才是我們要走的方向。

我們的注意力隨時可以回轉，也就不知不覺回到臣服和參的大法門。

我們本來注意力往外，看的都是客體，現在可以收回來注意到主體，自然會問「我是誰？」、「我在覺嗎？」但熟練了，好像也懶得問主體或客體，注意力的重點反而移動到了主體和客體之間殘留的一點點「動」。

我們的世界是透過主體和客體之間的動力組合起來的，如果沒有動力，無論是語言、思考、覺察、感受、動作、行為，其實沒有一個具體的世界可談。

過去，我透過《我是誰》將這個大法門打開，不斷提到一個人走到最後，早晚會回頭問自己「我」是誰，而將腦海打開。但現在，我認為人類的聰明已經到一個地步，不見得要守住「我是

誰」這句話，可以只是提醒自己「是醒的嗎？」同時，帶著一點正向、快樂的味道。

我過去除了「是醒的嗎？」，也會用「在覺嗎？」就這一點提醒，已經與中道、友善的中立性、臣服的觀念結合在一起了。面對生活的許多狀況，透過「我，是醒的嗎？」、「我，在覺嗎？」建立了一個神聖的空間，或說一個保護的緩衝空間，甚至滑回到意識的源頭，帶來一種參的味道。

每一個瞬間、下一個瞬間，我們的注意一直回轉，透過「我，是醒的嗎？」也就洞察清楚、覺醒到一個地步，慢慢滑回到注意或聰明的源頭，我們內在的聰明、本性、本能、奇點。

這個源頭是無限大，自然讓注意力散開來，從主體移動到動力。本來是「我在覺嗎？」，重點已經落到了「覺」。「是清醒的嗎？」、「在覺嗎？」、「在嗎？」輕鬆停留在那裡，它帶來一種臣服的觀念，因為我們本身就是那個沒有答案的答案。

它已經不是一個問題，不是一個練習，最多只是一個提醒──提醒我們整體的理解和領悟。就像一個超連結，從任何角落，讓我們回到原點。

站在這原點，本身就是一種參。我們可以看到一切，體會到一切，這也就是中道。如果可以隨時做，那麼整天下來，生活、工作會少很多障礙。

隨時退回到注意的源頭，是讓心帶著走。這個源頭，也就是大我。在這神聖的空間，接下來是生命帶著走。我們符合心流在看、在聽、在回答、在運作，而帶來一種解脫的體會，是絕大多數人這一生沒有過的。

　　有些人在偶然的情況下有過心流的體會，也許是非常投入眼前的一件事，專注到某一個角落。非常投入的發明家、音樂家、運動選手、作家、或任何一門藝術或技術的專家，都可能有過心流的體會。差別只是，即使有過心流，不見得可以隨時自己作主把心流帶回來。

　　我們透過「我，是清醒的嗎？」、「我，在覺嗎？」則是建立一個可以自己作主的迴路，或說一個超連結，隨時把自己帶回到一個神聖的空間。

　　我才會帶出「覺，為了覺」、「聽，為了聽」、「看，為了看」，輕輕鬆鬆把重點擺到動力上。

　　有了這把鑰匙，眼前的變化、過去的受傷和不順、心頭浮現的不安，反而都成為一種恩典，讓我們可以隨時回到真實的門口，而有機會走出這一生的幻覺。

　　我們這樣子去尋、去問，早晚會落到參的門口。在這種最放鬆、最休息的狀態下，什麼都沒有做，樣樣從意識延伸出來，都可以看到。就算有時候好像慢了幾步，也沒關係。這時候只要知

道，再參就好了。

再參，也是一樣的，是帶著友善的練習、友善的念頭、友善的態度。這麼做，和中道不就是一樣的嗎？

中道本身包含了幾個面向。從參的這條路，「我是誰？」或「在覺嗎？」可以回到這原點，中道也可以回到臣服，而臣服可以到參，這幾個面向都是通的。

懂了，無論中道、參、臣服好像就是一個超連結。無論是透過一個口號，像是宇宙不會犯錯，或從任何角落，都可以切回到原點。

就這麼簡單，卻是我們一次又一次來到這裡所能夠追求到、學到的最重要的解答。

37
醒覺的決心

　　全部生命系列的朋友，許多人都聽過 Rachael 的經過[2]。

　　她確診漸凍症（ALS）前，人生遇到非常大的挫折，她一一去克服，雖然痛苦又疲憊，還是盡力去完成她的責任。過程中，她逐漸發現自己說話變得困難，吞咽也不順暢。找遍了醫師，做了許多檢查，才發現自己得了漸凍症。幾年後，她連進食都受到影響，手腳的活動進一步出現障礙，稍微出力就抽筋。生活的任何一個層面，都需要人幫忙。

　　可以說，病發後 Rachael 是清醒地看著自己一點一點失去生活的能力，而非常清楚自己早晚會失去生命。任何人遇到她的狀況，都很難度過。然而 Rachael 一路走下來，我們都發現她的注意力不斷回轉，從疾病、從對人生的期待愈來愈轉向自己。

　　這些年我不在臺灣，Rachael 到身心靈轉化中心時，我也沒

---

[2] 〈從人生的打擊，走上沒有回頭路的路〉這一集分享，我請同仁轉達過 Rachael 的情況，可以在 YouTube 收聽 https://www.youtube.com/watch?v=mywOMC1owyI

有機會跟她直接互動。是她回到澳洲後，我才從同仁那裡知道她的情況和內心的進展。同仁也告訴我，來到臺灣時，Rachael 已經不太能說話，但她會將想表達的話按在手機上，來跟身邊的人溝通。

在臺灣的一個多月，她請母親隨行協助。我們的同仁都注意到她們強烈的連結和療癒的決心，也看到她如何穿越內心和身體的阻礙，學會放鬆，體會到身邊的愛。

這條路並不容易，我也徵求她的同意，將她在 2024 年「心，向前行」共修後很誠懇的信分享出來：

親愛的楊博士：

感恩這兩個月您辛苦帶著我們共修，您的辛苦沒白費！我參加了五次共修，到這次共修才發現原來自己根本還不會臣服。

我過去以為自己一直在練習臣服，到現在才發現其實那根本不是臣服，而是無可奈何的屈服。因為我還是把這個身體看得真真切切的，一切對我都是那麼真實，而我即將要失去這一切。我在這種狀態下的臣服，是沒有辦法、無可奈何地接受。

這次共修讓我看清了自己這個大問題，也讓我明白只有在不當真的前提下的臣服，才能真的做到在前幾次共修中，您一再提到的跳到超連結和變成空的容器。

這兩個月呼吸開始困難了，身體也是各種疼痛不適，各方面都在退化。我經常讀您幾年前生病後寫的那篇文章，好希望自己能和您一樣，身體在痛苦，但是內心只有喜樂。可是我還做不到，我和這個身體牢牢捆綁在一起，痛苦對我是真真切切的。

我不止一次想過安樂死，唯一讓我猶豫的是，我好不容易才遇到您和您帶出的教導，都還沒好好努力，如果就這樣結束這輩子，等下次再遇到，不知道多少輩子又過去了。

這是我唯一捨不得離開的理由。

這次共修，我開始面對自己的問題，看到自己的信心並沒有完全建立起來，練習才變得這麼困難，行動和想法是那麼不一

致。在剩下的時間，我就做我能做到的，一再看書聽音頻，把信仰堅定起來，盡量不跟每個瞬間對抗，把我力所能及的事做到極致。剩下的那些，比如說做不到意識擴大，體會不到大我和背景，我就不去糾結遺憾了，臣服吧。

　　謝謝博士一次次的共修，不放棄，把我從泥潭裡拉出來！

　　感恩！

Rachael

Rachael,

　　妳的表達，我想任何人聽了都會感動，也會擔心。

　　妳表達得非常清楚，妳現在的境界已經進入了一個臣服的軌道。首先，我還是要恭喜妳，這是非常不容易的。有這樣的基礎，能夠慢慢把自己擺開，把自己交出來，這是一般人做不到的。

　　一般人碰到痛苦或不好的事情，都是一時的，不像妳現在所面對的，幾乎是每一天從頭到尾都在忍受痛苦，沒有盡頭。光是妳有這樣的耐心和決心，來面對痛苦，已經非常了不起。

　　健康和心情方面，還能夠做什麼都可以做。如果不做這些，就妳現在的做法都是對的，也就是看開，把一切交給生命，臣服並接受。

　　痛苦到底，也是生命給予的機會，讓我們可以回轉。雖然這樣說可能讓人覺得很玄，或者很抽象，但我相信對妳來說一點都不抽象。希望這些話能給妳一點力量，幫助妳忍受那些本來無法忍耐的痛苦。

　　最後，我聽同仁轉述妳的來信，一方面為妳高興，妳現在的看法和成熟度真的不容易；另一方面，當然也擔心，希望妳能保護好自己的生命，來到這個世界畢竟不容易。就像妳說的，一天一天過下去，沒有必要為了早點離開而做什麼計劃，一切順其自然就好。

通常是這樣的，是人生遭遇到重大的損失，我們才會浮出醒覺的念頭，甚至醒覺的決心。是對人生徹底絕望，才有堅持走下去的勇氣。

這和一般人的理解完全是顛倒的，是相反的觀念。

遇到大的失落而不放棄自己，這本身就是一個巨大的恩典，彷彿是宇宙在祝福我們，或宇宙用某種方式來跟我們溝通，想要把我們帶回家。

這種祝福，如果我們沒有經歷過損失，是根本注意不到的。

沒有誰走到最後會發現之前完全是順的，這是不可能的。從古人到現在，沒有這樣的案例。從我個人的經歷來看，也是這樣。一路都是不順、都是考驗，需要克服困難、阻礙和反對，但這些對我都是磨練的機會。

可以的話，趁我們現在還健康、沒有太大的困難、沒有發生意外，透過每一個瞬間點點滴滴做練習，幫助自己把基礎打穩，將身心靈一致化，不那麼容易遇到一點事就動搖。不然在最艱難的時候，連守住生命、讓身心舒暢都很吃力，修行和練習要克服的困難自然是多得多。

雖說如此，但我們假如有堅定心，面對這麼大的困難依舊能夠將樣樣看開，坦白說，成熟的步調會加倍的快。堅持走到最後，自然會走出困境的陰霾。

38
超越理解的苦難，超越理解的平安

　　會談 Rachael 的經過，其實是她反映了我們每個人面對苦難可能的歷程。就像她說的，我們以為自己在臣服，但只是在委屈地忍受痛苦，一邊掙扎，還要一邊拖著自己往前走。

　　她所經歷的痛苦是大多數人不可能忍受的，誰能受得了這種永遠不會停止、而且是清醒地看著自己失去所有功能的痛苦？

　　這是生命給我們真正的考驗，而且是最高的考驗。但從另一個角度來看，這也是生命給我們最大的禮物，在最短的時間內，加速我們演化的過程。就看我們有沒有下定決心，有沒有這樣的信心可以一路走下去，毫不動搖。

　　當然，如果我們不接受，也可以。但這樣的反彈只會帶來更大的不順、更大的障礙和痛苦。

　　面對人生的挑戰，我們當中有誰可以順利度過這樣的關卡？我們可能懂理論，可能懂各種專業和技術，但能不能度過，是另一回事。

我們走上這樣的過程，旁人是沒辦法輕易說什麼的。即使外面充滿痛苦和困難，就像 Rachael 承受超過理解的苦難，依然能活出一種平安、一種決心。

　　我時常提到《聖經》裡的實例，使徒保羅曾經站在耶穌的對立面，經歷了個人的奇蹟而反過來為基督徒傳遞福音。他講出內心的真實，當時有權力的人將他多次送進監獄。保羅隨時可能在獄中失去生命，卻仍然不忘外頭的朋友，用一封又一封的書信安慰他們，鼓勵他們活出神所賜的平安。

　　神所賜出人意外的平安，必在基督耶穌裡保守你們的心懷意念。（腓立比書 4:7）

　　這就是我常說的「忍辱波羅蜜」──我們面對痛苦，是不是仍然鎮定、敦厚，不被動搖，有一種「poise under duress」，在壓力下依然保持風度，仍然穩重。這種人生的磨難，就是來考驗我們是否能在中道走到最後，臣服到底。

　　這些話不是空泛的支持或打氣，而是反映事實──確實如此，那些少之又少、成功找到人生解答、完全消除矛盾的聖人，絕大多數都經歷過大痛苦，可以說一生非常不順。然而，他們能夠忍耐，能夠度過那些別人根本無法度過的困難。

　　面對極端的、一般人連想都想像不來的痛苦，如果我們能克服，能夠轉化為回轉的燃料，也就可能突然體會到超越世間理解

的平安。

　　這一生來，我們多多少少都發過願，希望能幫助他人，但只有少數人會真正去做，而他們的發願可能大到一個地步，想去完成一個別人連想都不敢想的工程。即使碰到困難，比如周邊的人不配合，甚至是孤立無援到一個地步，就像一個人在沙漠流浪，他們都敢繼續走下去。

　　這樣的人好像天不怕地不怕，連死都不怕。面對事情，完全沒有一點心慌或恐懼。可以說，他的信心大到一個地步，面對任何阻礙都能夠燒過去。我常說，遇到這樣的人，我們最多只能協助他、輔導他，或者讓開，不要成為阻礙。

　　他們會想盡辦法跨過去，達到目標。如果他們的目標不是為了自己，不是為了世界的目標，而是為了回到心，可以說不是普通的英雄，而是連神和天使都會尊他們為神的上師。

　　當然，這樣的人非常稀有。我一生見過的，也是屈指可數。假如走到最後，他們的行為仍然完全是為了他人，為了整體，而不是為了自己的財富或貪嗔癡，那就更少了。

　　畢竟這一生要經歷太多的考驗和挑戰，走到最後，還剩下幾個人有這種決心？不光是命運的折磨可能帶來阻力，世界的密度太重，誘惑太多，讓我們容易上癮，特別是與肉體相關的東西更是如此。有些人可能嘗到一點甜頭、生活得到一些方便，或者得

到一些稱讚和成就感，就會停下來，不再往前走。

　　走到最後，能夠堅持的人確實不多。要不就是之前有極大的痛苦，要不就是在中道、臣服與參的路上熟練到一個地步，像是活了億萬年的老靈魂，已經嘗過一切，沒有任何東西能讓他上癮或著迷。他只為了對真實的信心，繼續走下去。

練習：你可以承擔嗎？

有時候，我會跟身邊的朋友開玩笑，說遇到一些挫折、感覺沒面子、窩囊的事，看自己能不能臉皮厚一點，把受傷的感覺踢開，該做什麼做什麼，也就把這段困難的時間度過。

事後，也許隔天、下星期或幾年後再回頭看，自然會發現當時感覺很痛，但現在對自己早就不是多難受的事了。

有些時候，我們遇到非常大的困難，也許是疾病、受傷、損失、糾紛⋯⋯帶來重大的打擊。坦白說，愈難，我們反而更要試試看——不再跟自己較勁，不再跟自己過不去，不要再計較自己做得如何，不再計算能不能減少損失或得到更好的結果⋯⋯在最困難的時候，看我們是不是有像 Rachael 這樣的堅定心，把眼前的壞事承擔起來，把自己扛起來，往前走。

心態的轉變，本身就是一個最大的練習。這時候，透過前面提到的感恩、呼吸、「一切都好」、「宇宙不會犯錯」正向的聲明，都能陪伴我們一路走下去。

至於走到哪裡，也不去在意。

這種不介意結果好壞的心態，本身已經含著一種友善的中立性，帶我們看穿眼前，反而有機會回到內心。

39
心的藍圖

我們臣服到整體,能臣服到哪個地步,跟內在的信心有關。或者說,是透過信仰,我們才可以臣服到底,而足夠成熟。

我們不斷地練習,點點滴滴採用中道,到最後會發現主體和客體的區隔不再那麼明顯,就好像一切都是一樣的,注意的重點只剩下最單純的動力,也就是心流。

為什麼還有一點殘餘的動力,也只是我們還有這一生帶來的隨伴業。隨伴業,也就是伴著我們這一生隨之而來、等著完成的業力。就是我們醒過來,還是有這一點隨伴業要完成,要走完這一生的旅程。

但我們會發現,這點殘餘的動力是自己執行自己。我們不需要再加一個標籤去注意誰在帶動、誰是主人,已經沒有這種區隔可談。

透過每個動、剩下的一點點動力,我們都可以活出領悟。沒有誰是主人,沒有誰在引導,沒有什麼方向可以到,也沒有要達

到哪裡。動，為動。

心，有一個指南，是心流帶著我們走，聖靈帶著我們走下去。我們透過中道，完全臣服到心、臣服到整體，交給整體的藍圖。活著，靠心，交給心。

生命的藍圖，從心就定案了。在這一生的表現，會考慮到我們業力的阻礙。每個人這一生帶來的阻礙不同，有各式各樣隨伴業和福德的組合。也可能還有一些「債」需要還清，有些業障需要克服，而這一生還會有高高低低的起伏。

過去，如果我們做過一些不妥當的事，業力很重，這一生投入修行的路不見得會順。當然，我們不見得能意識到，於是遇到困難也難免後悔，不想再走下去。

是這樣，我才會提醒信仰的重要性。

我們對真實和生命的本質充滿信心，無論什麼困難都可以度過，可以忍耐。也許我們還會碰很多釘子，摔倒很多次，但仍然可以不斷交給心，不斷磨練自己，設法解決困難或交給心來解決。這樣子，還是一路走下去。

我們只是相信生命到底，而信心不再動搖，至於這一路是困難或輕鬆度過，也無所謂。真要說差別在哪，就是差在這一點──信仰，對真實的信心。

頭腦要醒過來，它需要一個解釋、一個參考的架構，讓它能

夠合理化，可以說服自己。我才會用那麼多肯定真實的句子，像是「Yes!」、「All is well!」、「一切都好！」、「宇宙不會犯錯」，並把這些提醒當作練習。這些話讓頭腦有一個可以依靠的架構，讓它被說服，放棄反抗，而早晚讓這些觀念落到潛意識，做個徹底的洗腦，幫助我們度過困難，度過轉變的經過。

但是，臣服的心並不需要這樣的說服。我們的境界沒有不好，本來一切都好，也已經點點滴滴透過每一個細胞、每一個動作活出一切都好。它一路走到底，不需要去解釋，它本來就肯定宇宙不會犯錯，為什麼還需要額外的說服和提醒？

我們有信仰，相信到底，會知道無論什麼困難都可以度過。但如果我們還沒有成熟到那個地步，當然需要在這過程給自己打氣。

也就是如此，這些練習才那麼重要。

心可以帶著我們成熟，但頭腦也可以。透過不斷「洗腦」，也會慢慢讓我們成熟。「Yes!」、「宇宙不會犯錯」、「樣樣都好」這些提醒，好像不斷為我們自己洗腦。不要小看這種洗腦，它還是會讓我們逐漸進展到生命帶來的成熟度，讓我們可以度過，可以看穿。

頭腦慢慢成熟了，也會影響到整體，影響到身心。

40
接受那不可接受的

對有些朋友，也許中道最大的作用就是讓我們突然充分了解——這一生遇到的困難、受到的創傷、命運的不順和挑戰，完全是因—果的組合，是業力的組合。

我們不是光從理論去理解，而是從各層面完全接受這一點——無論是跟夥伴、伴侶拆夥，遇到災難，諸事不順，遭受別人根本想像不到、無法接受、難以理解的誤會，倒楣再倒楣……都是老早安排好的，是從各層面業力組合而來，甚至是這一生前早就定案的。

如果我們可以接受，而且徹底接受，反而能明白——這正是一個用中道回轉到自己的機會，並透過這樣的機會，來表達自己的領悟。

就算心裡難以接受，感覺很不平衡，覺得自己這一生怎麼處處不如人。假如可以透過練習用中道來面對，我們早晚會發現自己可以想開，心裡的障礙和過不去，也可以過去了。

即使一開始沒有足夠的信心，用中道走到最後，我們早晚會發現沒什麼好計較——命不好、這一生到處碰壁、事業家庭人際關係樣樣不如意……都可以接受了。既然我們可以接受，也就發現比較容易做回轉的練習——不管順不順，在任何場合、任何瞬間都可以徹底接受、接納、肯定、歡迎、感恩，不斷向自己聲明宇宙絕對不會犯錯，我們完全落在中道的軌道，早晚也就輕輕鬆鬆走出來了。

我們沒有那麼在意，只是眼前來什麼就處理什麼，反而心裡的結就打開了。

幾十年來，我發現人要得到心理的療癒，回轉到自己大概是最有效的方式。

講「回轉到自己」，好像有個動作、有個方向，好像是一種時─空裡的觀念。但這只是一種比喻。認真講，它沒有一個方向，也並不是說有個動力在推，好像要回轉到哪裡。

回轉到自己，只是無條件的接受。

許多朋友有強烈的受害感，認為自己這一生受到不好的對待，無論命運、環境、身邊的人都虧待他。然而，痛苦中的朋友通常不會認為是自己的問題，更別說意識到自己可能傷害過對方。他會覺得自己完全清白，完全體會不到身邊人的痛苦。

我時常提醒身邊的朋友，遇到不順，不要那麼篤定認為都是

別人的錯，認定自己受虧欠，以為別人欠我們。

假如我們徹底領悟一切都是註定，一切早有安排，而且安排得剛剛好，沒有什麼差錯，全都符合業力的運作。是透過對稱的法則，我們自己選擇活出這一生的遭遇，只是自己不知道。

這時候不用再計較，也不用再把罪名加在別人身上，不用再批評伴侶，不用再隨時檢討這一生——總認為自己不幸，不符合自己的理想和期待……

無條件接受，本身就是回轉到自己，也就是中道。

我們一般人確實不容易做到，畢竟把注意回到自己，也就把痛苦、難受、不順的原因給收了回來——那麼，帶來不順的，難道就是我們自己嗎？這樣的推論，會為我們的自我感帶來很大的威脅，好像自己才是罪人一樣。小我會用各式各樣的方法來轉移我們的注意，不讓我們那麼簡單把注意收回到自己。

有這種自我防衛機制的門檻在，如果我們只是採用單純的中立性、單純的觀察，這條路很難成功。我也很少看到有人成功。是這樣，我才會一再強調中道不是單純的中立性，而是一種帶著正向的中立性。用正向的接受，正向的接納，正向的歡迎，或是用各式各樣的肯定句，像是「宇宙不會犯錯」、「Yes!」、「一切都好」來表達這種正向。

我們這樣做，反而讓小我放下武器。它沒有準備，根本沒預

料到等著它的不是反撲、不是處罰、不是責備，而是歡迎和接納。這一來，面對眼前的不順，它反而完全可以接受了。

我們正向的態度，等於為它帶來快樂和多巴胺的期待。它高興都來不及了，也更願意配合我們，回到友善的中立性，回到中道，將注意回轉到自己。

中道，帶著一點正向的味道，完全符合我們心理的作用，而可以為現代人帶來一個徹底的解答。接下來會發現可以為一切劃上句點，安心往前走。

如果這一關可以過，對我們，修行、臣服和參也就成為新的正常，是生命再自然不過的部份。

練習：快樂地接受

接受，可以從眼前的狀態開始。

體會一下自己：身體是疲勞還是有精神？內心是平靜還是煩惱？是舒暢還是恐懼憂鬱？有沒有其他萎縮或是激烈的反彈？

也許夜裡醒來，剛作了惡夢——心裡有沒有什麼地方不舒服？有沒有哪裡感覺萎縮？哪件事還沒有完成？或還有什麼任務可能要完成的？

無論什麼狀況，我們都可以對自己的狀態做一個肯定，告訴自己——這些狀態，我都知道，我可以完全接受，完全容納，完全包容。沒有什麼大不了，也沒有什麼「好」的狀態是我非得立即成為不可。

接受，包括接受自己還沒辦法完全接受，甚至連我們無法接受的部份都可以接受，而且快樂地接受。光是透過這樣的肯定和接納，我們已經站到整體，可以友善接待自己，這本身就是臣服。

面對生命，我們隨時慶祝、不斷地感恩、不斷地接受，走到最後也只是臣服。快樂地臣服，友善地臣服。這本身又變成一個超連結，帶我們回到「這裡—現在」，回到神聖的空間。

就算我們沒辦法立刻臣服，也可以用各式各樣的工具幫助自

己踩個剎車——可以做諧振式呼吸、到戶外走走、擺開眼前的難題去做點激烈的運動、問自己：「是真的嗎？是否是這樣子呢？」或是提醒自己：「一切都好，一切都是 OK。生命不會犯錯。」也可以想想關愛我們的人，想想他會怎麼陪我們一起面對這個瞬間，一同承擔我們沒辦法承受的孤獨、恐懼、不安全感、悲傷、眼淚……

臣服包括一切，包括主體、包括客體、包括受傷的人、包括傷人的人、包括正在受傷、受傷的動作、受傷的影響……全部含在臣服裡面。

生命本來很單純，但人生樣樣都被我們變得複雜，複雜到最後就是痛苦。就是有一點短暫的快樂，我們還是隨時又回到腦海去找煩惱、窩囊、痛苦。我們快樂地接受、喜悅地臣服，也只是簡化腦海的制約，透過生命態度的轉變，把我們對現實的認知完全推翻，顛倒過來。

接受，接受到底。最後我們會發現，好像就連特別去臣服、特別去接受的動機也可以省掉了。我們本身就是一切，何必再繞一大圈去尋找一個方法面對生命？

還是可以輕輕鬆鬆讓生命來，讓生命走？

這樣子，也全部都接受了。

41
自然的後果

我們採用中道,面對什麼都可以接受,有一個我認為非常不可思議的現象,或說後果。

我們不斷練習,無論遇到什麼困難、任何狀況都繼續練習。不知不覺,我們會發現本來這一生應該走某一條路,是過去由業力組合的,但突然間,人生的路已經不一樣,我們可以走上一條不同的道路。

就好像,透過中道,我們不斷回到原點,回到更高的聰明、本能或源頭,然後發現自己可以有選擇,而本來根本不知道有那些選擇。

一般人都會認為自己可以做決定,隨時可以自由選擇。然而這種自由感是錯覺,是不存在的。再真心相信自己有自由意志,也不會讓錯覺成真。

只是我們既然以為自己有自由意志,遇到阻礙,當然會想去改變,想修正命運的某些部份、扭轉眼前的狀況。然而,從業力

的運作來說，這些作為和動機，就像往火裡澆油，只是讓火愈燒愈大，愈難收拾。

如果我們完全清楚了，隨時可以選擇臣服，選擇回轉。這樣，我們和生命接軌。沒有抵抗，反而為自己爭取到更多的空間，找到一條出路而把過去業力的限制取消，達到徹底的轉變和調整。

不僅個人是如此，民族和社會也一樣。如果影響夠大，整體的業力也會隨之改變。以我們華人來說，好像在哪裡都很容易得到物質和財務的成功。但大環境稍有變動，這些成就也很可能消失。我們在靈性方面的努力，是有機會影響到周邊，甚至影響到民族整體的業力。

當然，這些話對大多數人來說，可能會覺得不合理。但對我，這才是真正理性、真正符合科學的道理。重點不在改變命運，然而，我們生命的限制徹底打開，命運的改變自然會成為一個後果。

不只命運的改變不是重點，很多朋友會好奇靈魂和輪迴的問題。坦白講，這些主題對我來說是次要的，關鍵還是我們先了解真正的自己。

我們走到一個地步，假如隨時在一個臣服的狀態，會發現連靈魂都是頭腦的產物、是頭腦產生的概念，也可以說是一個錯

覺、一個幻想。而我們有這身體，本身也是幻覺。業力是一連串因一果的觀念自己在運作，是老早決定的。如果我們只是身體跟著因一果的連鎖在運作，那麼，什麼是輪迴？

對，在這連鎖裡，好像有一種機制叫做輪迴。但是如果我們徹底懂了，也就會像釋迦牟尼佛當時所說的，連我們有個靈魂都是幻覺。既然沒有靈魂，哪裡有輪迴？

正因如此，我過去幾乎不用靈魂這個詞，也不怎麼談輪迴。

只是對於認定自己就是身體，而身體是真實不過，全部的生命和注意力就在與身體相關的一切裡打轉的人，那當然，我們可以說有個靈魂在帶動身心，有輪迴，而我們要一次又一次來到人間，為了學習。就連我也借用這種比喻來談——如果這一生沒有真正解開、沒有貫通、沒有體悟到底，那就下次再來，再重新掌握學習的機會。

現在我們懂了，不斷回到眼前神聖的瞬間、神聖的空間，不斷在一個臣服的狀態，會發現自己老早平安，也根本不會去追究輪不輪迴的問題。

一切到這裡為止。

過去不懂，業力像野火不斷地燒，而我們透過反彈不斷補充燃料。突然，我們看穿了，不再提供燃料，只是讓這一生帶來的業力自己燒完。我們不需要虐待、折磨、看輕身體，就算走了點

冤枉路,也可以放過它。

　　這樣子,一切就平安了。

　　我們內外完全達到平衡,達到一種寧靜、涅槃。

42
讓殘留的業力自己消失

中道根本的基礎、練習的機制、中心的理念，就是臣服。

臣服是接納一切，肯定一切，接受一切，我們自然滑回內心。懂了這一點，任何的修行包括靜坐、祈禱、持咒、布施、服務……都可以讓我們回到家，沒有矛盾。

有些朋友會擔心，認為修行是從人間解脫，怎麼可能透過接納、肯定、接受人間的一切，就可以讓人間消失？讓人得到解脫、甚至醒過來？

首先，會有這疑惑，其實還是我們對眼前這個現實的組成，缺少正確的認識。

對我們，因—果的運作是一個因，造出果，而這個果又會變成下一個瞬間的因，就這樣一個一個接著，像流水一樣不可能止息。至少對我們，因—果是相連相續的，不可能中斷，也不可能打破。

我們看這瞬間、看自己的人生，也確實不是斷斷續續的。無

論是眼睛看到的畫面、感官、神經、腦海的體會，都讓我們感覺樣樣都是連續的。

透過腦海自己解釋因—果的機制，我們會得到一個很完整的世界，一套前後連貫的故事或劇本。一切有開始，有結束。有生，有死。非常合理。而我們在這個世界、這套劇本裡好像可以自己決定「因」，來操縱故事的「果」。

然而我們活著的生命，其實已經是後果，根本沒有讓我們自由決定的空間，沒有自由意志這件事。我們以為可以選擇發揮不同的人生意義，選擇完成什麼目的，把這種自以為是當作自由意志——但這完全是頭腦想帶給我們的印象，只是頭腦的幻想，我們根本意識不到一切早已註定。

我們透過自己的行動、決定、安排、規劃、籌備……帶來的作用，最多只是為這個幻想補充一些素材，讓劇本多一、兩頁，好像延續多一點時間。

多年來，我都在談這些觀念。這一次，我希望可以站在彌勒佛—基督的意識，也就是唯一而且同一個意識、一體的角度來談這個主題。

我們透過臣服，不斷接納，不斷接受，不斷肯定，也就是不斷從眼前的現象、心中的失落、痛苦、窩囊回轉。我們只是樣樣都放過，樣樣讓它存在，而面對樣樣都可以自在。

過去，我們一生都想做點什麼，認為要透過一點動態、一點動作、一點行動，看能不能干涉眼前的世界，改變進行的方向，影響接下來的後果。然而，我們開始發現，生命有一個很大的層面，比我們透過「動」可以調整的層面遠遠更大。它是一種存在的層面，跟我們有沒有行動、有沒有聲音、安靜還是有念頭……一點關係都沒有。

它本身是本體。

我過去也說是隨時存在的「背景」，只是我們之前注意不到，也就覺得它是沒有，而會用「無色無形」來稱它。

現在我們注意到了，也就發現，不斷臣服，不斷讓眼前的現象存在，眼前的一切反而失去了存在的動力，甚至沒有辦法繼續存在。

這一生帶來的隨伴業就像一枝箭，射出來時有一定的動能。我們對一切不再有矛盾，不想跟隨伴業對立，只是順著它殘餘的動能走。它的動能會慢慢消失，早晚有一天會完全失去動力，落到地上。

我們沒有去管它，沒有做什麼儀軌去消除業障或加速它的消耗，只是讓它按既定的方向和速度繼續進行，完成它本來的旅程。

我們臣服，放過它，接受它，肯定宇宙不會犯錯，用「Yes!」來肯定、來歡迎……它只剩下眼前這一點空間，沒有別的地方可

以擴張它的運作。在能量消失前，它還會在這裡繼續燒。

它存在，需要我們提供更多的動力。但我們不再為它補充了。我們不再為它加一個標籤、加一點描述、送上一些評價、後悔、懊惱、期待……只是讓它自己燒，再旺，都讓它燒。我們不再透過反彈、擔心、抵抗澆上燃料，不在火加上更多的油或酒精，它早晚會燒完，會自己消失。

這個現象的層面、外在、世界，早晚會消失它自己。到最後剩下什麼？剩下的，是本體，是心。或者說大我、支點、奇點。回到這裡，就沒有更多的動力了。

人間過去帶來的因—果，本來燒得很旺，讓我們總是認為被欺負、受委屈，認為自己需要回擊、需要出口氣、需要讓對方知道自己不好惹、需要讓別人明白自己的可憐和無辜，有講不完的反彈……種種業力像森林大火燒不完。我們透過臣服、友善的中立性，一再放過眼前的變化，回到奇點、支點、大我。

這就是中道。

我們在相對的層面不再帶來任何阻礙，不再捕捉特定的觀念、看法、標籤，不再加上自己的解釋。這些都是相對世界運作的燃料——說得愈多、想得愈多、擔心得愈多，只是幫助它燒得更大。

突然，我們不再跟它帶來對立，而是完全肯定它。現象的世

界本來就是透過摩擦，透過我們給它注意，給它能量，才能運作起來。我們現在退了幾步，不理會它，不阻擋它，讓它自己存在。少了我們帶來的阻力和摩擦，它怎麼燒得起來？就算還有點殘餘的火苗，還能燒多久？

我們一再透過中道，回到大我，回到這個門戶，休息在支點、奇點。就算身心難免還有些起伏，我們已經愈來愈熟練，愈是可以輕輕鬆鬆地放過。

《心經》講色、受、想、行、識組合這世界，組合種種的現象。到後來，現象的變化，不再那麼啟發色、受、想的運作，就連「行」——一切的動念、有生有死的部份，也沒辦法再起伏，好像差不多，安靜下來了。

我們突然體會到什麼是沉默，什麼是無條件的愛，無條件的慈悲，無限大的聰明，一種寧靜，一種平安，遠遠超越世界可以理解的。

43
野地裡的百合

一切都是註定的——這觀念在本書一再出現，也就反映了它的重要性。

這個「註定」是從很多層面、不同的面向組合而成的。

我們透過五官和頭腦，能理解的範圍其實很有限。我們能觀察到的就是這世界的因—果，這瞬間的果變成下一個瞬間的因，這樣子連鎖不斷發展。然而，我們不了解因—果關係可以來自不同的層次，包括從宏觀到微觀、從大到小。我們其實已經是某個後果最終的體現，早就註定。

既然這一切還是註定的，在現象的層面怎麼去抵抗，還是慢了很多步。我們唯一的自由，就是將注意回轉到大我，回到真正的自己。即使小我的阻礙還沒有完全清理，還沒有完全淨化，但我們還是可以跨過去，回轉到自己。

我們充分將注意回轉到大我，明白小我是整體的延伸，或者說大我的延伸。小我變成了一種服務的工具，可以隨時為大我服

務。儘管小我永遠無法理解自由意志，但用這種方法，我們反而突然明白什麼是真正的自由意志。

也只有這樣，哪怕我們不去管、不去影響、不去干涉世界，反而成為引發改變的火種。帶來的變化不是眼前小小的改變，而可能是一個全新時代的到來。

大聖人比如拉瑪那・馬哈希或六祖慧能，即使離世百千年後，人類依然記得他們。他們的寺廟或道場可能毫不起眼，在人間也沒有累積什麼權力、名譽或財富，卻有莫大的影響力。

這本身就是一種悖論：他們沒有去抓、去影響、去干涉世界，造成的變化，卻遠遠超過歷代任何的王、領袖、或所謂偉大的人物。

這個悖論，我們要自己去參悟。

前面我沒有特別談基督宗教，其實一樣離不開中道、離不開真實。一般人會感覺釋迦牟尼佛談的是智慧法門，而耶穌強調愛的法門。然而，我們也可以說智慧與大愛是兩面一體。一個從智慧的法門切入，另一個從大愛的路走進去。一個講究智慧，另一個講究臣服。

表面上，基督宗教信神，信主，好像在心外還有一個額外的對象。但如果我們把主、神當作絕對、當作一體意識，那麼，《聖經》所談的，和我們透過全部生命與唯識講的，又有什麼不

一樣？

> 你們看那天上的飛鳥，也不種也不收，也不積蓄在倉裡，你們的天父尚且養活牠，你們不比飛鳥貴重得多嗎？你們哪一個能用思慮使壽數多加一刻呢？何必為衣裳憂慮呢？你想野地裡的百合花怎麼長起來，它也不勞苦，也不紡線，然而我告訴你們：就是所羅門極榮華的時候，他所穿戴的還不如這花一朵呢！（馬太福音6:26~29）

無論從哪個角落切入，我們最後會深刻體會到耶穌這句話的含意：「**何必為衣裳憂慮呢？你想野地裡的百合花怎麼長起來，它也不勞苦，也不紡線。**」它們只是在陽光下快樂享受自己的生命，管好自己的事。

這種境界，只有徹底轉變自己才能真正懂得。

如果我們沒有經歷徹底的轉化，聽到這些話，可能會以為是要放棄人生、什麼都不管。實際上，這些話背後含著很深的意思：我們是由業力組合而成，一切都是註定的。我們不斷與生命接軌，不斷臣服，臣服到最後，好像對這個瞬間或下個瞬間的作用產生了一種絕緣效果——不管下個瞬間是好是壞，我們都無所謂了。我們好像早就活過、度過了下個瞬間，沒有再什麼新鮮、

稀罕的發生，會吸引我們的注意。

任何事，不管是好事還是壞事，都不會讓我們大驚小怪，也不會讓我們動搖。對我們來說，還有什麼事情是沒看過的？還有什麼是無法讓步的？還有什麼會讓我們無法活出最高的慈悲？讓我們不想用最高的智慧來面對一切？

我們臣服到最後，好像所有的事情都看過、都經歷過，接下來沒有什麼能真正迷惑我們。無形中，我們會散發出一種勇敢的力量，好像什麼都不怕。就像威嚴的獅子，牠不需要吼叫，但周遭的生命自然會有一種尊敬，知道牠什麼都不怕。根本沒有什麼可以阻礙牠，沒有任何東西可以成為牠的障礙。

我們在這個境界流露的勇氣與力量，也就是南傳佛教十波羅蜜所講的「力」波羅蜜。這一生，當然沒有回頭路了。下個瞬間，不管是不是受到欺負、有沒有人欺負，我們根本懶得去評價、去貼標籤。就是往前走，向前行。

這樣差不多就是開悟的境界了。

這時，我們也不會去計較什麼解脫不解脫，樣樣都可以是方便法門。過去有什麼不對勁的，修正就好；過去有什麼專業，可以拿來用就好了；有些不該做的，不做也就沒事了。

釋迦牟尼佛曾經有一個前世是船夫，船到了河中央，他突然發現船上有個乘客是強盜。如果不去處理，全船的乘客都要受

害。當下已經來不及告知所有乘客，這時船夫沒有猶豫，一出手就用撐船的竹竿將強盜推入河裡。

這不符合一般人的善行，甚至會被認定是犯罪，而引發很大的衝突和法律爭議。但他一個念頭都沒有，眼前該做什麼就做什麼。有保護眾人的心，就保護眾人。有因─果業報，就接受因─果業報。

這就是方便法門。

他根本不符合社會的標準，不符合別人的要求，不符合別人的期待。我們怎麼能將這樣一個人框架起來？用規矩約束他？

許多人對開悟的人有一種想像或期待，認為開悟後就要做什麼，但事實上這根本預測不來。就算說波羅蜜是最終的境界、最終的表現，但誰能去定義？去限制？

假如我們真正相信一切是註定的，那麼，任何有這樣信心的人，可能就不會浪費那麼多時間去抵抗世界、拯救世界、想完成一些項目或者為了未完成的任務而不斷煩惱和擔心。反而，他會放過世界。

許多朋友第一次聽到這觀念，可能會感到奇怪，覺得我是希望人要自私一點、只管自己就好，也可能還擔心自己沒有盡責任去幫助身邊的人、救世界。

別忘了，宇宙的法則也就是業力法。一切的一切都是由業力

組合、由業力延伸的，都還在因—果的範圍內。假如我們真正能體會到這一點，那麼一切當然都是註定的。只要我們還在這範圍裡，一切都註定好了。

既然是註定的，那麼，不論我們怎樣往火裡添燃料或者抵抗，不僅沒有幫助，反而會給自己帶來巨大的反彈，宇宙也會反撲。懂得這些道理，我們會將剩下的時間完全用來回轉到自己，先把自己的事情處理好。

問題出現時，該處理就處理，該解決就解決。隨時用中道回轉到自己，我們走到最後會發現——原來只有站在整體的角度，才有自由意志。站在個人的角度，一切不管怎樣，還是註定的。

44
接受不可知

在業力和因—果的範圍，一切是註定的。但我們還可能不放棄，「我」會希望知道是怎麼註定，註定的方向是什麼……想製造一種確定感，來滿足頭腦的理想。

要打破這個幻覺，突破理解的局限，也只是靠臣服。

如果我們再大的痛苦都可以接納，樣樣都可以接受，誠懇地執行下去，會發現生命有三個部份——可以知道的、還不知道的、沒辦法知道的。我過去會簡單說是「知，未知，不可知」。

包括宇宙的組成，也是如此。我們以為可以觸碰、體會、儀器觀測得到的物質和能量加起來就是全部，但這其實只佔了整體的 5% 不到，95% 以上都是儀器偵測不來、但理論上存在的暗物質和暗能量。

也就是說，我們偵測不來、無法知道的，才是整體主要的部份。我們的技術愈來愈發達，儀器愈來愈精細，好像一步一步逼得未知縮小範圍，同時擴大知的領域。但這些努力最多在 5% 上

下取得一點邊際的成果，更大的層面仍然是永遠不可能知道的。不可知的領地，遠遠比知與未知的總和要大得多。

這是一個物理的道理，我們一路探討下去自然會得到這結論。它是否成立完全基於理性，跟我們認同與否、相信與否、欣不欣賞這理論，一點關係都沒有。但假如我們想通而且可以認同，對生命、對自己的態度很可能完全改觀。

每一個瞬間，有我們認為自己知道、可以知道的一個層面，也有一個層面是我們還不知道的，但更大一個層面是不可知——它怎麼組合起來的，我們根本不知道。就算理論上認為是透過因一果組合的，我們也有好多層面不知道，甚至知道不了。

如果我們可以坦然接受生命的未知、生命的不可知，那麼，我們自然發現人生再大的難關，過去無法接受的，也就可以接受。無法包容的，都可以包容。別人沒辦法忍耐的，我們都可以忍耐。在這樣的情況下，我們都可以隨時回到中道。

我們已經走上接納、歡迎、感恩的路。不光是接納、歡迎、感恩我們可以知道的，甚至對還不知道的、不可能知道的，一樣接納、歡迎、感恩。到最後，我們會發現，在樣樣還沒有來前，已經可以接受了。

差別只在於，我們現在有一個理解的基礎，不再是閉著眼睛、蒙著頭接受，而是徹底明白，生命裡我們可以知道的部份實

在太少太少,不可知的部份,才能真正代表我們的生命、我們的一切、我們的真實。

　　至於眼前這瞬間的出發點、目的、可能進展到哪個層面⋯⋯我們本來就不知道,知道不了,不可能知道。既然如此,接下來沒有什麼可以練習的。哪裡還有什麼需要我們接受或不接受?這些觀念,到這裡已經是多餘。

　　什麼來,就讓它來。什麼走,就讓它走。

　　真實,跟我們接受或不接受,又有什麼關係?還有什麼非要勉強自己去接受?

　　我們自然活出一種超越理解的平安。

45
意識優先的生命

　　我在華人的圈子時常體會到一種反彈——認為經典的話太玄、太虛，和現實生活搭不上線。好像人間的財富、名氣、權力、貪嗔痴才值得認真追求，而真實是假的，連注意都不要多注意一點。

　　這種反彈很普遍，也完全可以理解。畢竟近代歷史充滿了物質的匱乏和輸別人的恐懼感，人太多，資源不夠，自信也不足。整個文化也就讓生存和物質帶頭，蓋過了靈性的需求。

　　這幾十年，也許經濟富足到一個地步，愈來愈多人開始追求人生的意義、生死的問題。我注意到的是中年人比較多，也有些是年輕人。

　　但是，走上這條路，面對一生的不快樂和煩惱，似乎又同時有一種認知的斷層——要不把空性和智慧當作純理論，認為和現實的問題不相關，要不就落到一種人間的方式，用物質化的方式去追求空。於是也就有了世俗和修行的分別，而修行還有求道、

道場、出家、捨離等種種形式。許多人把形式等同於真實，還在不同的形式之間做各種區別，延伸各種辯論。

這一點，我認為相當可惜。用相對而有限的人間想去限制、解釋、追求無限大的真實和絕對，沒有透過個人的體驗徹底想通、徹底活出來，就把相對和絕對當作互相排斥的存在，認為有這個就沒有那個，反而造出更多的隔閡和矛盾。

我們講唯識，但現代人完全活在唯物，就連意識都只從物質的層面去解釋——認為是有了物質、有腦的生理架構，才有意識。許多自認在修行或對靈性有興趣的朋友都有這種情況，他覺得自己懂了，但是接下來，他的反應、思考和表達選擇的完全是一種物質優先的路，好像意識優先這件事從來不存在。

到現在，經過這麼多作品，我們終於有一點空間，讓唯識的觀念、整體的意識、絕對的意識浮出來，而可以整合。

過去我們讀經典，無論《心經》、《金剛經》、《聖經》……可能會認為充滿矛盾，含著許多不通的觀念。像「色不異空，空不異色；色即是空，空即是色」同一句話有相對又有絕對，而這兩端好像碰不了頭。現在，我們的看法不一樣了，發現原來在講兩個層面——有相對，又有絕對，而整體和真實是兩方面都是。

這一來，我們懂了原來自己代表兩方面，有肉體、是業力組合的相對，而同時又有一個絕對而無色無形的層面。我們是一

切，兩個都是。當然，我們也可以反過來說兩個都不是。

為什麼一下子說兩個都是，馬上又說兩個都不是？——就是要克服頭腦和語言的限制。

如果只講「兩個都是」，我們頭腦會去抓，會在腦海建立一個從沒有到有的光譜，而想一一去掌握。但頭腦是相對，再怎麼去抓一個完整的光譜，還是落在相對，最多是一點取樣，而不是整體。

再補充上「兩個都不是」，也就是乾脆再做一個顛倒，不讓我們在相對的層面抓到一點「空」的觀念。這樣子，也就沒有一個觀念可以靠得住。

絕對是不可能用語言、念頭、任何工具表達的。既然什麼都靠不住，沒有語言、念頭、觀念是可以靠的，我們心中有一個體、有一個機制叫做智慧，也就自然浮現了。

46
放鬆到非時間、非空間的永恆

　　一般會認為空間是具體的存在，而覺得時間好像沒那麼具體、沒那麼紮實。但事實是我們隨時聽命於時間、受時間使喚，完全沒辦法脫離時間的作用。不光身體的老化，包括我們對現實的認知，都離不開時—空的作用。

　　時間，讓我們可以評估空間，對空間得到一個意義和結論。有時間的作用，我們才可以將空間的一個畫面和另一個畫面作比較，不光得到一種立體感，還可以得到事件發生的經過，產生一個故事。不然，光是只有空間，我們沒有劇情可以繼續延伸下去。

　　我們受時—空的作用太直接，總是不斷擔心時間上的發生，像是昨天發生了什麼，明天要面對什麼，後天要準備什麼……心裡一大堆不曉得哪來的負擔和壓力，都和時間的觀念脫離不了關係。

　　談時—空的作用，也就是業力。

這一點，我在前面提過一個「不要看時間」的練習。這個練習，只要做就能體會到——走到最後，是把時—空的觀念打斷。

有意思的是，如果能將時間的觀念踩個剎車，我們不用再額外去消除空間的觀念，空間對我們的影響已經很少或是沒有了。最新的物理學也點出這樣的奧祕——就連對我們很具體的重力，也是一個時間的觀念。

我們要解脫，主要還是從時間的層面著手。假如時間的觀念徹底解散，我們甚至不會受到地球重力的作用，也沒有空間帶來的壓迫。

我自己很少看錶，不曉得多少年沒有戴錶。只有要演講、有時間限制，或跟人約好要見面、要開會，我才會去注意時間。

是在時間的層面，我們需要得到解脫。我們隨時注意時間、擔心時間，不要說談不到醒覺或解脫，就連心裡的窩囊都沒辦法解開。

從時間解脫，最直接的方法，也只是為自己取得一個暫停的空檔。也許透過舌抵上顎，或是中道的任何方法。只要我們有信心，任何瞬間都可以讓注意力回轉，也就已經在抵消時間的作用、打破時間的觀念。

經過一定的練習和親身的觀察，在注意力回轉、回到中立性的過程中，我們會發現正向的作用有多重要。特別在這充滿了摩

擦、對抗和衝突的世界，我們格外需要一些正向的支持。

　　從相對，滑到相對和絕對的邊緣，或說門戶、奇點——在這過程，我們把樣樣變成友善，變成正向，對於頭腦是比較容易接受的，而不至於再帶來種種阻礙和門檻。

　　我們這世界，是小我透過二元式的聰明組合的。如果我們面對任何觀念都突然可以接受，不再有對立，這對小我是「不太正常」的全新反應。在練習的過程，小我免不了還要帶出一些抵抗和反對，想透過邏輯把新的反應推翻。

　　但是小我一向把世界劃分成「好」、「不好」、「正向」、「負面」，這些標籤對它並不陌生。我們用正向跟它對話，它還是可以體會的。我們繼續採用正向，加上「Yes!」、「歡迎」、「一切都好」，正向再正向，反而小我的反抗沒辦法再運作，只能完全投降。

　　更重要的是，正向會為小我帶來快樂、放鬆和舒暢。每次談到從身體著手的練習，我都會提到迷走神經。這是負責放鬆的副交感神經很主要的部份，而又能將身體的狀態回傳到頭腦。我們透過呼吸、舌抵上顎、持咒、運動……身體放鬆了，這個放鬆快樂的訊息透過迷走神經傳遞給頭腦，讓頭腦體會到——一切都好，可以放鬆，不用再緊張了。

　　一樣的，我們透過「好」、「一切都好」、「宇宙不會犯錯」

這類肯定的聲明，特別是說出聲音來，也就透過我們的行動、迷走神經的系統，讓頭腦可以跟著放鬆，進一步用這種友善的心情來做見證、臣服、參、在、覺⋯⋯而帶給自己放鬆、正向、喜悅的體驗。

有這種舒服愉快的好事，小我很喜歡，怎麼會反對？這樣子，練習和修行也就變得很順。我們練習，也可以培訓頭腦同步，而跟一體、大我、心⋯⋯不知不覺就接軌了。

頭腦和小我不再帶來抵抗，甚至更期待我們練習。練習讓身心舒暢、快樂又有安全感，它怎麼會不想做？

透過正向的態度，阻礙消失，我們不知不覺已經簡化多個層面的作用，從各層面塌縮到一個地步，甚至比平面、線或點還更簡化。我過去用數學的奇點表達的就是——我們將一切濃縮再濃縮、簡化再簡化，到了幾乎沒有頭腦干涉的地步，或頭腦干涉不了的邊緣。

這樣子，心就把沒剩下多少的頭腦慢慢淨化得差不多，幾乎是透明。到最後，最多剩下一個空的容器，連這個空的容器也被化解、解散，被融化掉、吸收掉。

這就是解脫。

這種修行一點都不玄，沒有什麼可以讓頭腦挑毛病、認為不理性、不科學。彌勒佛、基督帶來的妙勝智就是如此完美，讓我

們找不到一絲縫隙或缺點。

　　我不斷換個方式、換個比喻、用不同的角度來談，希望從各個角落帶來一點信心，驗證我們自己的領悟。但願打下一個很穩重的基礎，讓我們可以不斷往前走——不要碰到一點問題，遇到喜事或是不順，或是過去的創傷浮出來，就讓我們踩個剎車，走上不妥當的路，可能又把這一生耽誤過去。

　　如果我們對真實、對生命的本質、對真正的自己有充分的信心，那麼，我也只能很誠懇地說——透過中道、妙勝智、唯識帶來的基礎，我們可以為自己省下相當多的時間。省下的，不光是這一生，還是未來的生生世世。

47
愈成熟，愈誠懇；愈是誠懇，也愈成熟

我們愈來愈成熟，自然會誠懇——從行動、表達、思考都是一致的。內到外、外到內打成一片，和生命接軌。

談中道，到最後最多只是幫助我們成為一個誠懇的人。

我們採用中道，也就是不斷回到自己，回到內心。回到內心，不會再有什麼其他的地方可以去，只剩下一點最終的本能。我們沒辦法把這最終的本能或本質再投射出去，最多只是臣服，而只能誠懇。

可以這麼說，任何修行或練習濃縮到最後就是誠懇心。有誠懇心，一切會到位。只怕我們沒有誠懇心，言行不一致，為自己帶來很多痛苦，日子充滿矛盾、衝突和不安。

從全部生命系列的書、講座、有聲作品，到連續幾年舉辦一、兩個月的共修……我一路準備下來，也只是希望大家可以成熟、誠懇到一個地步，把生活點點滴滴、每個角落都當作練習中道的機會。

比如說，夜裡被噩夢驚醒，醒來時可能還有眼淚，夢裡的爭吵和心酸還梗在喉嚨、在胸口；也可能我們想起過去的委屈，種種的窩囊和難受不斷湧現；也可能我們終於度過困難，如願以償，滿心歡喜；也或許日復一日重複同樣的日子，讓我們覺得人生索然無味⋯⋯

不管是什麼情況，在這個瞬間，練習中道的機會就來了。就在這瞬間，無論好壞、是刺激精彩、還是無聊沉悶，都當作一個很大的機會來解脫、修行、做一個回轉。

既然小我的運作，是透過覺察、感受、想這三個機制，組合出各種印象的關聯，讓我們體會出一個世界。我們要回轉也是透過一個現象的世界，從這對象或客體，我們才有回轉好談──從現象回轉，停留在真實、無色無形的門口。

雖說是無色無形的門口，一旦被我們表達出來、體會到，也就還鎖定在有色有形，最多只是抽象一點。從人間 3D 或 4D 的角度，沒有什麼東西叫無色無形。我們透過身心、透過人間、透過有色有形是到不了無色無形的，最多是從身心、從人間、從有色有形回頭，回到它的門口。

站在整體，有什麼回轉可談？什麼叫做瞬間？什麼叫做過去、現在、未來？這還是從有限的層面出發，才能劃分這些觀念，而還有這麼多名相可談。

站在整體，一切老早是涅槃，根本沒有這麼多講究。

我們講的修行，包括中道、妙勝智、唯識……全是為有色有形、為小我帶來的方便法門。讓我們透過這瞬間，無論眼前是什麼，都可以做一個回轉，得到一個出口。

出口是什麼？最多也只是接受，對一切說：「Yes!」完全接受眼前的瞬間，提醒自己「宇宙不會犯錯」、「一切都好」，或是「Hallelujah!」來慶祝眼前的完美。

肯定再肯定、接受再接受、接納再接納、臣服再臣服，就是那麼簡單的方法，我們讓小我跟整體、跟無色無形的全部，重新接軌。

坦白說，「重新接軌」的說法並不符合事實。事實是本來就接軌，只是小我不斷聲明自己沒有接軌，自以為有一個獨立的作用、獨立的聰明、獨立的機制，但根本沒有。小我從這聲明就走歪了，認為自己足以成立另一個軌道，但事實是它從沒有真正自主過。

面對樣樣，我們透過一種跟小我自主性顛倒的聲明「Yes!」在表達──「我」不再做主。「我」沒有資格做主，也做不了主。「我」最多只能跟整體接軌。整體為主，而「我」只是整體的一部份。是「我」跟著整體走，倒不是「我」帶著整體走。

我們透過練習不斷提醒「宇宙不會犯錯」、「一切都好」也

是在聲明這一點。「我—在」的呼吸，也是一個顛倒的練習——不是站在小我呼吸，而是站在主、神、整體在呼吸。透過呼吸，我們在聲明真正的自己。

用這麼簡單的方法，不斷肯定一切、接納一切，我們反而跟整體接軌，不再隔閡。這簡單的提醒，是為小我準備，為了小我而組合的。整體並不需要這個方便法，是小我需要。

全部接受，臣服再臣服，加上一點善意的味道，透過正向的中立性，這樣子就回轉到自己。小我不再做主，我們的注意放鬆開來，回到這根本、源頭的聰明和本能。我們不再做一個帶來阻礙的角色，最多只是順著整體，符合真實的流。

我們的修行或妙勝智最多只是一起做準備，希望大家點點滴滴愈來愈成熟。這樣子，中道會變成生活最自然的領悟和理解。

生活本身就是方法，任何角落都是我們的方法。

懂了中道，從任何角落，我們都可以把自己帶回到神聖的空間。我們足夠誠懇，與宇宙和內心接軌，達到一致。接下來，沒有什麼好談的，也沒有什麼特殊的方法可以再練習的。

一路這樣走下去，就沒有回頭路了。

48
讓別人有他自己的神聖空間

真實和世界是兩個不同的軌道。心、真實,是絕對的軌道。世界、種種身心的層面,是在一個相對的軌道。友善、快樂、感恩,可以說是一體、意識海、整體、心落在這世界的腳印。我們完全醒過來了,帶著這樣的心情面對世界的互動,也只是聲明自己真正的身分。

臣服,帶著善意的中立性,是非常重要的。我們做中道的練習,也只是現在就聲明自己的身分,肯定自己的真實。

早上一起床,從朦朦朧朧注意到一點點外在,注意到一點點自己開始,就帶著一點快樂和友善來接待自己,歡迎眼前,用中立性來迎接世界。接下來,呼吸、飲食、生活、工作、上班、下班、和家人相處、到睡前最後一個還有點意識的瞬間⋯⋯點點滴滴,我們都採用這種友善的中立性。

熟練了,我們好像換了一個殼子,隨時創出一個新的神經迴路。包括人跟人的互動,也是我們的機會,來練習這種友善的中

立性。

臣服是一種正向的力量。小我喜歡正向的東西，它可以體會到快樂、放鬆和解脫，而不是萎縮。用正向的方法來進行，能夠解除小我的武裝，把它從緊繃的狀態放鬆下來，無法再做抵抗。

本來小我是緊張的、萎縮的，不會輕易放過自己，也不可能輕易消失。突然間，透過正向的臣服，它被引導到了解脫這條路，反而捨不得離開，就像對正向上癮。

這就是為什麼我覺得用友善的中立性來進行臣服是最有效的。這包含了一把鑰匙，剛好能配合我們的身心機制來解開障礙，化掉反彈和制約。這樣，小我就能夠接軌──不光是和我們自己接軌，也與整體接軌。

本來小我充滿了反對和抵抗，但突然間，它不再害怕修行，甚至樂於扮演解脫的角色。我們建立並住定在這神聖的空間，只有這樣子，可以走出受傷和失落的狀態。

走出來，既然我們早晚要接觸人，一個練習的機會就是──讓別人有他自己一點神聖的空間。

當然，這是有難度的。特別是愈親近、互動愈多的人，愈有難度。畢竟我們會有自己的理想、自己的渴望、自己的期待，想去要求對方，想把自己的小我延伸到別人身上。

快樂、包容、接納、感恩，先從自己開始，不光為自己建立

一個神聖空間，也把這神聖空間交給對方，尊重他的神聖空間。

面對孩子、父母、其他人，無論年紀大小、是男是女、什麼關係或身分，我們不一定非要自己或對方怎樣不可，多給彼此一些理解和安慰。這種讓步，讓別人有神聖的空間，也就成為很自然的練習的工具。

我們給別人神聖的空間，也是給自己同樣的神聖空間。每個人都有習氣、都有重視的觀念，在人際關係退後一點，已經為我們自己的習慣和價值觀念帶來一種根本的轉變、推翻、解散，也就是我時常用「空的容器」、透明化……這些比喻來談的。

這種領悟，完全和一般人所想的顛倒——重要的，不是小我可以覺察、捕捉或得到什麼，反而是可以擺開多少、臣服多少、捨離多少。不是小我能走上回家的路，而是整體或一體意識來接我們回家。

假如我們徹底相信或明白這一點，這一生的力量可能是無窮的。這樣一來，重點不再是局限在別的哪裡，而是著重於自己——不是小我的自己，而是整體的自己。小我什麼也沒做，只是不斷被擺開、被看穿，直到變得透明，變成空的。

就這樣，我們才真正可以作主。本來是小我的奴隸，突然顛倒過來變成了主人，而頭腦變成了幫助我們的工具。

49
練習，和過去想的不一樣

到這裡，我相信你已經體會到——每一個練習，都可以延伸到中道。

在執行的層面，中道含著兩個觀念，首先是往內轉，將注意回轉到自己；接下來，就是無條件接受，同時帶著一點正向的味道來接受。

這裡好像有一點矛盾，畢竟加上一點正向，就不是無條件。但是，用一點正向的觀念來接受這個瞬間、接受眼前的練習，把練習帶來的力量當做一種燃料或動力，殘餘的摩擦和阻力也就消失，而讓我們可以輕鬆地滑過去。

《心經》說「色不異空，空不異色，色即是空，空即是色」，空跟有完全是兩面一體。既然如此，身心並沒有帶來任何矛盾。

雖然以前提過，我們要把身心擺開才可以接受絕對，才可以接受意識海、接受一體。現在，透過中道，我們懂了絕對和相對

是兩面一體，會發現身心根本不是阻礙。只是我們過去不懂，把身心當作全部而唯一，才不知不覺讓它變成障礙。

現在明白了，能做妥當的識別和理解，我們可以很輕鬆接受它，也可以照顧它，不再需要排斥或貶低身心。身體也可以在練習和持咒得到喜樂，就像是代表一體來接受。這樣子，全部矛盾就消失了。我們在這肉體的生命裡，透過這些練習，讓注意從外在回轉到自己，活出本質和真實，是真正可能的。

如果沒有這樣的理解，許多人持咒一輩子，不明白為了什麼在唸，甚至把注意轉到講究次數、發音、頻率……反而完全錯過了重點。

樣樣，都可以是超連結。以持咒來說，我們並不需要重複再重複。懂了中道，我們的注意只是稍微集中在咒語，它變成一個超連結。超連結到哪裡？到我們的心，到我們神聖的空間。

持咒，變成是我們注意回轉的工具。好像我們老早建立中道的迴路，透過這樣的迴路，任何方法包括持咒、朗誦、呼吸、感恩、舌抵上顎、結構調整的動作……都可以變成一個超連結，讓我們很快回到神聖的空間。

練習好像是打開了一個口，接下來我們就將中道灌進去。中道不光是回轉，不光是正向地接受，它還帶來一種神聖的作用，就是讓我們體會到身心本身就是神聖的，跟任何道場、寺廟、教

堂、聖地、能量點都是一樣的。我們在這身心接受一切，也只是不斷地聲明──有跟空是一樣的。

這樣，就圓滿了。不再有什麼是分開的，身心和一體沒有分開過，始終是一個。最多是一體兩面──同一件事、同一個東西的兩面。

我們自然體會到什麼是唯識。一切是意識的延伸，我們不需要再加個念頭，不需要把這個擺開、那個擺開，也不需要透過洞察或識別知道這個不是、那個不是。練習也就轉到另一個層面，知道好像樣樣都是。

我們看這樣講，是不是矛盾？好像推翻了過去所講的，把「什麼都不是」變成「什麼都是」，而且沒有什麼東西不是。

練習，也就這樣簡化再簡化，甚至沒有一個練習的樣子、練習的形式。我們成熟得差不多了，體會到的深度也就完全不同。

像「我─在」的呼吸，其實不需要再加一個「我─在」的練習。要練習「我─在」的呼吸，最多只是做一個提醒。我們在圓滿中做「我─在」的呼吸，本來沒有吸氣和吐氣各要做什麼的區分。可以吸氣─我、吐氣─在，而吐氣也是我，吸氣也是在。

真正的我，本來就在，從來沒有不在，沒有離開過真實。我們只是透過呼吸，聲明自己本來就是的身分，不需要再加一個動作，做一個練習，加一點注意，或多專注一些。

我們本來就是,並不是做了一個練習、動作、專注、進入某種境界⋯⋯才是。

　　持咒,是一樣的。我們就是咒語,咒語就是我們,早就分不開。走路,也是一樣的。我們本來就是,跟宇宙帶來的奇蹟、跟身體分不開。從每一個動作,我們都可以享受生命的奧妙,活出宇宙最深的祕密。

　　從運動、飲食、習慣改變⋯⋯生活的每一個角落,我們都可以活在最高的境界,都帶來一個回轉的境界。包括一些所謂的善行,像是布施,其實我們送給別人,是在送給自己。我們幫助別人、服務別人時,是在幫助自己、服務自己。沒有兩樣。

　　最多是我們理解的深度不一樣了。

50
中道，讓一切平等化

樣樣，對我們最好不要太複雜，可以極簡再極簡是最好。

我們將一切簡化，一切都想通了，那麼，這瞬間的內容、長什麼樣子、帶來什麼感受、有什麼影響⋯⋯對於我們，已經無關緊要。

無論面對什麼，我們都可以回歸到這個最基本且不動的機制，也可以說是我們的本能、最源頭的聰明。既然如此，我們還會認為有什麼是不平等的嗎？

甚至，連「平等」的觀念可能都消失了。這樣一來，我們隨時都可以回歸自己，不知不覺已經活在一種定。這種定，我會稱為大定（Sahaja Samadhi）──一切都平等，沒有什麼區別。

中道的練習與最終的結果「定」分不開了，就像一種最佳的等化器，能將一切平等化、將樣樣隔閡化解。

一切平等到一個地步，可以說在生活大大小小角落，我們都是入定的。我們可能還會不知不覺發現，連睡眠都是清醒的，甚

至在作夢時都會意識到這一點。

採用中道的練習，自然讓我們變得清醒，即使睡著了也是清醒的，知道自己在睡。覺，在覺。

中道本身就蘊含著這樣的味道。我們不斷地回轉、反覆練習，熟練了，甚至連作夢、思考或瞬間的現象，都可以當作工具，讓我們徹底回轉，不知不覺清醒過來。

覺，覺察到自己。

最有趣的是，中道本身既是方法、是工具，有一個實務性的層面，但它同時也是最終的成果。在初學，我們可以稱為是練習；到最後，中道也就是我們的成果、我們的成就。

初學和最後，是一樣的。練習和成就，也是密不可分。

我們的每一個練習，是反映我們修行走到最後可能有的聲明、念頭、體會、體驗。透過練習，我們只是把最後的結果帶到一開始，帶到眼前。

既然現在的練習，跟最終的體驗是相同，那為什麼不做？

做到最後，練習也不再是練習了，而是變成一個提醒，提醒我們本來就知道、本來就是的。既然只是提醒，只是聲明我們最終的價值、最終的信心、最終活出的生命，大可早一點把它當作一個練習。

現在就開始。

中道,不光讓樣樣平等化,將生命簡化再簡化,更為我們帶來一種大的整頓,一種重新開始、重新啟動。我們只要這麼做,也就回到一個正向、極簡的軌道——不只看待事物是正向的,還能把一切看得開。

51
中道的療癒

中道也是最偉大的療癒師。無論是過去的創傷、心結、過不去，中道都能最直接、最容易、最不費力、沒有選擇地讓我們得到療癒。

透過中道來做練習，將注意力從外在的現象回轉過來，也就將任何練習轉為臣服，再加上參。任何體驗——眼前發生什麼、經歷什麼、有什麼……我們都可以做一個徹底的回轉。徹底到底，我們突然體會到，有一個「人」在見證、在觀察，透過見證和觀察，我們才取得眼前的經驗。

從觀察的人、見證的人，我們突然可以體會到回轉——把注意從客體，回轉到主體。我們的注意力本來都向外，都落在眼前的客體，卻突然輕輕鬆鬆、不費力、沒有選擇地回轉到這個在觀察、在見證的主體。

這一來，很有意思。眼前的體驗、這個客體，也就跟著消失自己了。它本身好像回到哪裡？回到自己。

這自己是從阿賴耶或說意識海延伸，本來什麼都沒有，也可以說什麼都有。它回轉到自己，回轉到一切，本來就是如來，本來就是平安，本來就是沉默，是寧靜。

我們也就輕鬆起來，好像世界突然化掉、突然塌縮了。塌縮到哪裡？塌縮到自己，回轉到自己。

這自己不能說是一個點或什麼，甚至連一個點都說不上，我才會用數學的奇點來表達。

從它，一切可以延伸，一切可以消滅。

這時候，最多是一種——就像我常用的比喻，我們進入一個颱風眼。外面狂風暴雨，但風暴的中心完全是安靜，是寧靜，是沉默。我們眼前、心中、左右、上下全部是沉默的，一片寧靜。這種沉默，本身也可以說是歡喜、大涅槃、大寧靜。

這時，我要問：我們可以忍受嗎？我們可以承擔嗎？我們可以延續它嗎？還是我們還需要透過人間的體驗——做點動作、激出一點波浪、帶出一點漣漪，然後又回到人間的軌道？

透過中道，在療癒的過程有一個很明顯的現象，也就是突然、根本、徹底的全面接受，什麼都接納。

一開始可能有點吃力，要將注意從念頭和現象扭轉回來。但是，不斷地練習，隨著熟練度增加，我們開始不費力，隨時可以讓注意回轉，而每一個瞬間都是回轉的機會。

然後我們可能會發現，突然有一天，我們本來無法接受的痛苦、窩囊、創傷、疤、結……能夠被接受了。而且，這種接受是非常根本的接受，是徹徹底底接受。再也沒有疑問、沒有問題、沒有矛盾、沒有留下任何悖論。

這種接受是全面的，沒有任何東西還可以留下影子，可以留下一點疑問，心裡還會有一絲質疑。

這是一種乾乾淨淨的接受，赤裸裸的接受，全面的接受。

這種接受，是對生命怎麼來、怎麼走，對考驗怎麼來、怎麼走的全面接受。

這種接受本身就等於歡喜、等於喜樂、等於平安、等於大愛、等於美、等於平等、等於完美。

一切都好。

人追求的最高境界、領悟、理想的行為，全都包含在這種最全面的境界、根本的接受。

不是說我們的命運會好轉到哪裡、或變壞到哪裡，轉變的最多是我們接受的程度。我們終於達到一個徹底的轉變，而這個接受不再只是接受外在。

我們終於接受內心，並且和外在完全接軌。

內心和外在沒有什麼不同，外在和內心也沒有什麼不同，內心和全面、一體、神或主也沒有什麼分開或不同。

這就像是一種全面的接軌，而這種根本的接受，含有如此多的意義。

練習：慶祝每一個瞬間

解脫，是最深的療癒。

《心經》最後這句話「揭諦、揭諦，波羅揭諦，波羅僧揭諦，菩提薩婆訶。」Gate gate pāragate pārasaṃgate bodhi svāhā——我們一同慶祝，慶祝本來就是解脫——隨時在等著我們活出來。

慶祝，我們並不是很快地跑到下一個瞬間，而是給自己一點空間來欣賞眼前的瞬間，歡喜地接受，甚至享受地接受。

我們慶祝這瞬間，欣賞它當下的呈現。這時候，我們要做肯定、感恩的功課，也可以做一種接納——對宇宙、對生命、對一切，張開雙手，打開心胸，接受眼前帶來的禮物，也是宇宙給我們最高的禮物。

我們把眼前的瞬間變成永恆，唯一的方法也就是回轉到自己，或說臣服、把自己交給一切。

這一來，怎麼做都離不開中道。

只有透過中道，我們才把這瞬間帶給我們的一些燃料徹徹底底燒起來。過去，燒起來的能量是往前、往外；但我們突然把這股力量回轉到自己，往內回轉。這瞬間變成永恆，或者說化為一個窗口、一個門戶，讓我們找到什麼叫做永恆——非時間、非空

間的永恆。

我們已經跳出來，沒有時─空的觀念。

我們假如徹底沒有時─空的觀念，也就落到永恆，落到無限──從知識轉到智慧，從人間的互動轉回到大愛，從人間的享受轉成平安，從痛苦轉成喜樂，甚至進入涅槃。

這是唯一的一個方法，等著我們找到它。

52
活出生命最美的部份

我們可以隨時把生命最美的部份、全部的可能活出來。

這句話，看我們敢不敢相信。

我們懂得禱告，懂得交出自己，可以讓生命更大的力量帶我們走下去，讓宇宙接手照料我們的恩典與加持。假如我們完全否定生命有更大的力量，那是非常可惜——在無明中繼續堅持自己的看法，也就錯過好多機會。

只因為我們對生命的本質還不相信，沒辦法將自己交出來，無論身心行為都還有種種阻礙，現在才有那麼多的痛苦、煩惱、看不開、不舒服、過不去，而充滿後悔、憤怒、不諒解。回頭看自己、看這一生，總覺得該做什麼卻沒有做到，時不時還想要彌補什麼，補救什麼，修正什麼。

生命是想來保護我們，為我們做種種的提升和改善。但假如我們把自己封閉起來，不放開舊的能量，也沒辦法接受新的能量，那生命要用什麼方法來幫助我們？

我們真正懂了真實，有信心、誠懇、感恩，也會充滿信仰。甚至可以說，要真正走過修行的路，百分之九十以上是靠信心，或說對真實的信仰。

這條路不是靠理性和知識，畢竟這些聰明的架構不小心就會成為我們的阻礙。信仰愈大，我們的成就也跟著大，轉變也更透徹、更徹底。

我們假如希望完全轉到另一個層面，跟絕對接觸，走到最後是靠信仰。徹底臣服，不是靠理性、不是靠邏輯、不是靠聰明，完全是靠心，而心跟信仰是同一件事。兩者在同一個絕對的軌道，不是落在人間。

從我們踏上這條路的第一個動機，到最終完全被宇宙、生命、意識海吸收的那個時點，完全是靠信仰——對生命本質、對真實的信仰，我們才可以度過，才可以投入。

接下來，一路就是感恩，感恩到底。感恩、接納、肯定，心胸打開，心靈聖約談的感恩、懺悔、祈望、回饋也就很容易了，我們從下一個瞬間就可以著手。把我們一生的習慣改過來，比我們想像的簡單更簡單。

這一路，我認為最重要的還是接受生命更大的力量。誠懇的祈禱是非常重要，只要有決心，祈望這一生做一個徹徹底底的改變，都可以做到。

53
空和滿，完全是一樣的

　　這些觀念，我捨不得不重複再重複，總是試著換一個角度，希望能夠讓大家聽懂。

　　畢竟，中道的道理，如果懂了，對我們流浪在人間追求真實的旅程，可以省下不曉得多少時間。省下的，還不一定只是這一輩子。即使一生就這麼過去，至少在潛意識播下一顆種子，等待我們有一天成熟。

　　我從很年輕的時候，被人問到這一生來做什麼，我都很爽快地回答——是來接待彌勒佛、歡迎基督，為這麼重要的聖人鋪好紅地毯，歡迎他們來到人間。我對大聖人有最高的信心。山也許會崩，海可能會乾，就算海嘯地震抹掉這世界，連地球都消失，都不會撼動我對他們的信心。

　　我從個人的親身體驗，可以完全驗證他們所講的妙勝智——包括六祖的《壇經》、以及拉瑪那・馬哈希和多少大聖人留下來的話和境界——都是真的。就連現代的科學，也沒有離開大聖人

最微妙的表達。

我們可能都看過一些圖片，將一根頭髮不斷地放大，放大到了原子的層面，再繼續放大到低於原子的微粒子，接著還可以繼續放大。放大到最後，會發現都是空，是任何儀器、設備都捕捉不到東西的空。然而科學家不得不承認，是從這個「空」，生出了一切的「有」。

「空」有雙重的意思。我們一般認為的「空」並沒有完全掌握到「空」。

人間是二元式的邏輯組合的，是透過對立和比較才建立世界的印象。我們一般把「沒有」當作「空」，而認為和它相對的觀念是「有」，好像什麼都沒有就是空。這是人間一般的觀念，停留在五官和頭腦的範圍裡來定義什麼是空。

但「空」又同時蘊含全部的可能，只是五官、儀器、頭腦捕捉不來才說是無色無形，而這全部的可能是永恆而無限大，那麼這種「空」跟圓滿的「滿」有什麼不同？是我們頭腦還沒有打開，還沒有接受全部的可能，還沒有看到，才把它當作是空。

我會用「滿」來表達這裡所講的「空」。空和滿，是一樣的意思。是透過這個角度，我們終於可以整合這兩個觀念，甚至讓我們進一步了解——這一生，可以講、可以想、用感受體會得來的觀念都還是相對的境界，都是透過二元式的邏輯得到的限制。

前面提過,《心經》從《大般若經》濃縮出來,用 260 個字將空性的智慧表達得非常清楚。釋迦牟尼佛用五蘊將我們在人間透過業力運作的機制再歸納成五大類——色、受、想、行、識。我在這裡用另一個方法再切入一次。

　　色,就是有形有相,或說有色有形,它也含著覺察,是透過五官的知覺才會有色、有形狀;有身心,我們有種種的感受;再透過腦海的想,用觀念組合感官和身心得到的印象,我們描述整個世界。這一切對我們有出發點、有結束,也就是有生有死的動機和意念,這是行。然後我們最多做點整合,才有人間的意識。

　　這樣的歸納相當精闢,將人一生可能經歷、想像、體會的歸納出五個機制。我過去也用另一個角度來表達——透過覺察、感受和念頭化出這有色有形的世界。這跟釋迦牟尼佛用色、受、想、行、識表達的,有什麼不一樣?

　　但《心經》更不可思議地將五個機制進一步拆開來談,色本身就是空,空本身就是色,色跟空從來沒有分手過,兩面一體。走到最後,我們到意識的門戶,會發現連這意識都是空的。《心經》還說受、想、行、識,也是一樣的。

　　滿和空是一樣的,空也是色,而本體完全沒有跟現象的世界分開過。

　　一個人成熟,腦海完全打開,也只是充分而全面地體會到這

一點。

《壇經》有六祖頓悟的經過，他遇到五祖，體會到空，一個念頭都沒有，完全是一片空、一片寧靜，無色無形爆發開來。沒多久，他發現這種空跟圓滿是一致的，隨時可以從有、從萬物延伸，本體和現象完全是幾面一體。從空，可以延伸有。從有，可以隨時找到空。那時候，他整個腦海打開，徹徹底底頓悟了。就好像這一生的任務完成了，沒再留下什麼沒有完成的任務，一切的矛盾已經解答，已經圓滿。

他完全被生命的絕對、意識海、一體吸收、吞掉，把還剩下一點的相對完全化解、解散。接下來，他想做什麼，就做什麼，也就帶出禪的大法門，當時影響到成千上萬的人。持續到一千多年後，現代人還在談什麼是禪。

人類愈發達，禪宗這一套學問跟我們會有更密切的關係。甚至千萬年後，《壇經》表達的領悟、成就與智慧還是會存在，而且會愈來愈重要。它本身跟唯識也分不開。後來的聖人，包括拉瑪那・馬哈希所表達的，最多是站的角度、個人體驗的經過不同，但走到最後，結論可以說是幾乎一樣。

54
真實，不需要避開人間

中道或說友善的中立性，是一切的共同點。對我來說，都可以透過彌勒佛—基督的妙勝智，也就是唯識來歸納、來彙總。

唯識，意識為主。一切都是意識，永遠離不開意識。這個全面的意識，也就是唯一的共同的意識，可以用「空」來表達。只是就像前面提到的，人從腦海的局限出發，會以為「空」就是什麼都沒有的虛無，而讓有些人聯想到消失或死亡，也就帶著一種負面的味道。

這一點其實是非常大的誤會，甚至讓許多人認為佛教或修行是虛無的人生觀。我也很少用「空」這類的詞彙，而更常用「滿」、「圓滿」、「意識」來表達。最多是在談意識時，用「唯一的共同的意識」稍微和「腦海個別化的意識」做一點區隔。這唯一的一個意識，除了用「空」來表達，也可以說是意識海或阿賴耶。它包括一切，也包括我們人間的意識，包括五蘊。

我還記得二十多年前剛回到亞洲，聽人辯論什麼是空，或爭

辯佛教在教什麼。通常聽幾段，就知道辯論的朋友並沒有真正貫通，才會有那麼多觀念要談、要爭論。當然，聽他們表達，我也體會到一般人談修行很容易落入一種錯覺，也就是認為修行是避開人間，去追求另一個更高或更清淨的境界。有些人會認為要從地球上升到天堂，有些人反過來是要讓天堂落在地球。無論是哪一個方向，多少都帶著一種不踏實的味道，不能踏踏實實落在地球，接受人間。

這種傾向，我從年輕時就注意到。幾十年觀察下來，幾乎都是如此。有些人要捨離一切，找一個山洞，跑到印度、喜馬拉雅山或哪個神聖的地點，遠離人間的責任，閉關愈久愈好，好像這樣才算完成這一生修行的責任或功德。有些朋友對世俗的事務不感興趣，將時間和精神投入靈性的理論，也許是唯識或某一部經、某一套觀點，而對人間的一切用很高的標準來看待。我們跟他互動，很快就會發現他對人對事總是忿忿不平，不能諒解，甚至還有傷害或報復的念頭。

但坦白說，我們抱著嫌棄世俗的心態修行，有什麼用？人類追求完美的理想從來沒有少過，光是在地球，戰爭就沒有停過，更別說人跟人的爭執和糾紛也不會停止。難道我們到另一個境界、另一個銀河系就可以找到平安？從碳系生物變成矽系生物，內心的鬥爭就能止息？如果在地球、在人間找不到平安，到另一

個世界或天堂修行就能找到？這種心態，我認為是最不可思議，是最危險的。為什麼不能老老實實面對人間？面對每一個瞬間？

我曾經提過一個比喻——腦落到心——把我們頭腦的意識、人間的意識，踏實落在肉體，達到一種合一與整合。

我們的頭腦活在一種虛擬的境界，卻想指揮身體怎麼活、怎麼做，完全不在意身體本來有自己運作的機制和架構，這樣怎麼能夠健康？怎麼可能均衡？怎麼讓生理的條件最佳化？

這是不可能的。

幾十年來，我不斷陪著大家從身體的練習、從健康、從人間的動態著手，而這種作法和一般人的理解恰巧是顛倒的。

首先，沒有一個東西獨立於我們的生命之外，可以叫做「修行」。

修行，是從我們生活的點點滴滴——從早上起床，到晚上睡覺，透過每一個念頭、每一個動作、每一個行為進行。從這種角度切入，修行最多是在建立一個新的迴路，讓我們能重新開始。

從哪裡重新開始？我們可以採用古人最有風度、最有愛心、最優雅的觀念，當做我們新的正常，而從每一個動作、每一個念頭來著手。

這樣子，我們跟世界分不開了。我們本來就不需要分開，完全可以踏踏實實落在地球，不光落到時—空 4D 或 3D 的架構，

還可以簡化再簡化，落到更低的 2D、1D，甚至落到奇點，也就是一切還沒出發、還沒有延伸的點。從頭到尾，完全跟地球合一，合一到底。沒有地方可以跑，沒有地方可以躲。我們只是老老實實面對它。

面對，透過什麼面對？是透過臣服，透過參，透過中道。

我們懂了，也就是完全回轉，臣服到一切。在同樣的環境，活出不同的現實。在同一個時─空，卻好像跟 99.99999% 的人活在不同的世界、不同的頻率，延伸出不同的後果。

我們隨時快樂地臣服，不知不覺發現樣樣都順。一般人覺得樣樣都不順、樣樣都充滿怨氣、樣樣都帶來刺激、樣樣都是別人的錯。但對我們樣樣都變成一個工具，都變成一個門戶。困難，也就是一種燃料，將注意推回到自己。

用這種簡單的方法，我們會發現本來地球、人間、別人、自己好像是各走各的，現在合一了。本來好像有很大的隔閡，現在我們發現怎麼做都是為了自己──修行，是為了自己；做個好人、友善的人，還是為了自己。但「自己」已經包括一切。

全部的現象是從我們的心延伸出來，怎麼可能不是自己？那麼，我們還可能去傷害誰嗎？傷害的，還是自己。我們選擇做一個好人，不是為了別人，是為了自己。

這樣子，我們會發現一切是幾面一體。這一生的問題，這一

生的任務，好像都告了一個段落。這一生想完成的，我們輕輕鬆鬆達到，把它結束了。這時，我們還需要做什麼去影響別人？去影響世界嗎？

我們該做什麼，就會做什麼，而都會符合最理想的行為，也就是波羅蜜。能得到收穫或幫助的人，自己會來找我們，而不是我們去找。

心中有道德，說和做都離不開真實。我們誰不想做一個好人、友善的人、忠厚的人？我們會發現，這早已是我們新的正常，是我們的本質。

現在我們回頭看一般所說的修行，是不是反而好像是繞了一大圈？

空就是滿，就是有；而有、滿也是空──兩者分不開的。腦海二元式的邏輯會把空當作沒有，但這種解釋是行不通的，或者說沒有抓到重點。

現在，我們有一個新的解釋、新的領悟，對世界的看法可能完全不一樣。

抱著這種領悟，我們重生，重新再來。

練習：你可以承擔嗎？

追求真實的路上，不光壞事可能讓我們分神，不斷反彈，而把自己愈帶愈遠。喜事也是一樣的，可能讓我們覺得不用再走修行的路，可以把中道、唯識、妙勝智都擺在一邊，趕快回到人間，完成人生未完成的夢想，把過去錯過的進度補上。

好事，壞事，說到底都是一樣的，可能把我們帶走，但也是我們練習中道最好的機會。

每天我們可能都在期待某種好消息，也許是順利搭上車，也許是得到一份好工作、加薪、升職、買到喜歡的東西、自己欣賞的人物得到好的機會、認同的理念獲得大眾的支持、健康指數有了改善、孩子突然聽話、另一半開始關心我們、難得的度假機會、靜坐出現好的境界、夢到神佛天使來加持……圍繞著心裡的期待，我們自然會有種種安排、評估、規劃……還有種種的心情。

有了好消息，我們可以單單純純地承擔嗎？可以在這個瞬間全部承擔起來，不把激動、興奮、慶祝……留到下一個瞬間，成為下一個瞬間的負擔嗎？

試試看，遇到好事，只是跟自己說：「很好，可以承擔嗎？」這樣，就夠了。

55
是落到這裡現在，不是上升到哪裡

雖然一再重複，但這一點可能是最難懂的。

我們採用中道，不斷回轉到自己，回轉到心，會突然發現，回轉到心，等於承認一切是平等的。包括肉體、情緒體、思考體……全部是同一個體，不是分開的。

在修行或追求靈性的圈子，我們常聽到這樣的比喻，認為要把身心、頭腦擺到一旁，這樣一體才可以進來、可以佔領、可以貫通。我也用過類似的比喻，而這種比喻聽起來就像在表達人間、身心與真實是分開、甚至是相互排斥的。但我們走到最後會發現，這種分別、隔閡或互斥還是頭腦的觀念。

就算我們要表達身心靈是三面一體，會分成三面來談，還是頭腦的產物。既然本來只有一體，而是唯一而且共同的意識，哪有另一個體好談？哪裡可以有別的體與它相提並論？會有一個分開的概念，是頭腦不斷地作用。

我們懂了，就會發現沒有什麼境界可以去。新時代會說要上

升、揚升、昇華，好像要把我們本來很粗糙、很重的體變得愈微細、愈輕愈好。但真要勉強說，修行是下降、降落或說具體活到身體裡。

是一體、靈性、心落到 3D 來跟我們合一，完全活到我們的身體裡。或者說，在這個肉體，我們完全活出它，活出一切。

我在《全部的你》曾經用圖畫來表達，人是多層面的組合，有身體、情緒體、思考體……而到最後，是靈性從上往下進入身體，跟我們全部合一。

這個比喻，也是表達同樣的觀念。

我們透過中道，慢慢體會到一切老早就是，甚至沒有什麼上升或下降好談。既然我們有身體，當然就從這身體著手，而踏實

落在身體,落在身心。

這觀念表面上很容易懂,但是從我過去的觀察,只有少之又少的人真正理解。而且就算懂,他可能還是沒辦法活出這些領悟,還是活在隔閡裡。即使已經是修行的老師,遇到事情還是會緊張,會當作一回事,還是有分離的作用。隔閡、分離的觀念幾乎無所不在,沒多久就讓我們自己回到人間。

換個方式來說,就像我們理所當然用身心靈這個詞,好像可以把存在分成三個體,而且認定這就是真的,而修行要從這三個層面來著手。我們遇到事情也會期待什麼是比較理想的結果,就好像理想和不理想是兩個不同的世界,而不同的走向會帶來嚴重的後果。

我才會說,這道理表面上很容易懂,但是非常難執行。執行,也就是聲明這個領悟,並且活出這個領悟。

我們不斷回轉到自己,發現樣樣都是一個大幻覺,連這裡在講的這些方法,都有點多餘。雖然說是大幻覺,我們還是帶著隨伴業、肉體來這一生的。既然如此,我們也不需要把肉體丟掉,不需要欺負它、讓它痛苦、讓它吃虧。對這一生、對身心,我們也可以照顧它,也可以讓它不要走冤枉路。我們大可愛護它,愛護它也是愛護自己。

一切都是一樣的,我們對別人好、服務別人是為了真正的自

己。反過來，我們對身體好也是為了自己。假如我們不愛護這個肉體，那麼誰會愛惜它？

我們遲早會發現，沒有什麼苦修或苦行好談的。這些完全是過去我們因為不懂，還期待得到什麼、想找到一種不同於人間的境界，而以為必須把身體的需要壓下來。

坦白說，就連我過去會說把身體擺到一旁、把身心的障礙擺開，也只是一種比喻。哪有什麼可以擱到旁邊的？一切本來是合一，本來是一個，只有一個。會有不同層面、不同體的說法，只是在過程中我們還需要而有的比喻。到最後，我們貫通了，會發現原來這不過是在哄自己——哄著自己一路走到這裡。

本來我們身心充滿了抵抗和反彈，但突然腦海有了一個突破，懂了什麼叫做靈性、什麼是唯識，也就把原本肉體為主的注意擺到更微細的地方。這一來，也就有了上升或神性的觀念。我們以為自己的修行有進展，但一切仍然落在局限和對比的路徑，沒有真正無限過。

一切都是顛倒的。

既然如此，古人為什麼又用各式各樣正向的語言，例如愛、光、智慧、喜樂、平安、圓滿、完美、涅槃來表達領悟、一體或絕對的境界？這世界既然有苦有樂，只從意識譜選擇正向的部份來代表真實，這樣的真實還稱得上是完整嗎？

絕對的觀念確實沒有什麼語言可以表達，用愛、光、智慧、圓滿……最多是借用在相對世界比較接近一點的比喻來描述，但嚴格講，再怎麼美的名詞也沒辦法代表它。

這種比喻、描述或形容，還是受限於我們身心的架構。

我也用短路的比喻提過，是無限大的能量透過我們的身心帶來一些體驗，而這些體驗最多是一點摩擦、一點殘餘的業力，就像無限大的電流通過電路，還有一些殘餘的阻礙，也就燒過去產生光、產生熱。

再換個角度來說，就好像我們身心的架構「綁架」了這些境界，在將通未通之際，讓我們透過身心體驗到了一點，而在身心會留下一些印象、一些腳印。

我們體會到的，是這些殘餘，是對這些印象事後的回想。無限的境界，我們不曉得能用什麼方法表達。最多借用人間愛、平安、快樂、圓滿的印象來表達原本沒辦法描述的。

使徒保羅在《新約》提到出人意外、超越理解的平安。儘管這種境界明明是人間找不到的，但他還是用了這兩個字——平安，最多是加上一點描述，表明這種平安是世界沒辦法理解的。也就是說，身心沒有語言可以表達，如果必須表達什麼，也就只好借用這些詞。

我們隨時往內投入、往內轉，會發現連這些境界都還是頭腦

的運作，走到最後會發現一片寧靜，沒有波浪。一切是平等的，身心靈從來沒有分離過。

這時，要用什麼語言去表達一個合一的體驗？

當然反過來說，合一與一體的體驗也可以從各式各樣的角度、透過各個身體的部位來自由表達。

最多表達什麼？

也就是一種舒暢、舒服、安靜、安全感、圓滿。

練習：落到身體

我們本來就活在身體，只是隨著腦海的境界愈來愈發達，注意落不回身體，而都在一個虛的境界忙碌，甚至在虛的境界裡修行，想在虛的境界得到成就。就這樣，我們還需要做一點練習，教自己回到身體。

再加上現代社會的快步調，讓許多朋友不知道什麼是休息。只要有一點時間上的空檔，就拿來滑手機、閒聊、追劇或接收資訊，繼續填滿腦海的空間。這麼做，完全得不到休息的舒暢感。

我們都在虛擬的境界思考，心都不在這裡。於是，怎麼給自己休息，隨時把自己的神聖空間找回來，這比什麼都重要。只有這樣，我們才會發現，自己隨時在投射著小我，在看著世界找東西，想知道更多，想與別人互動。這本身也是一種習氣。

這一點，首先要自己體會。當然，這與個人的成熟度也有密切的關係。一個人成熟了，知道樣樣都可以讓步，樣樣都可以放過，不用再加上一個頭去干涉什麼。

我們都可以試試看，要休息時，給自己一點時間，也許靜靜坐著，別人看起來像發呆，不知不覺也許會開始打瞌睡。這時候，我們可以做舌抵上顎、諧振式呼吸、數息、觀息⋯⋯也可以

一起做身體掃描，讓注意從頭頂到腳底，踏踏實實落到身體。

這個練習非常簡單，只是把注意力一次擺到身體的一個部位，注意到它，然後放鬆它：

頭頂放鬆。

額頭放鬆。

眼睛放鬆。

臉放鬆。

耳朵放鬆。

下巴放鬆。

想到每一個角落，都可以放鬆。

脖子放鬆。

肩膀放鬆。

胸部放鬆。

手放鬆。

手肘放鬆。

手腕放鬆。

手指頭放鬆。

肚子放鬆。

胃放鬆。

腸子放鬆。

肝臟放鬆。

骨盆也可以放鬆。

臀部放鬆。

大腿放鬆。

小腿放鬆。

腳踝放鬆。

腳跟放鬆。

腳趾頭放鬆。

腳底板放鬆。

全身放鬆。

把步調放慢，讓注意一一停留在每一個部位，而不是很快滑過去。從頭頂到腳底板全部都放鬆，當作一輪。一輪結束，可以從頭再來一次，讓注意力在每個部位停留，把它放鬆。

放鬆，放鬆到底，我們連腦海也跟著放鬆。一些長期疲勞的朋友（現代人大多數都是如此）可能不知不覺就睡著了。這種掃描全身的放鬆，剛好是很好的補氣的方法。

熟練了，身心愈來愈一致，消耗能量的摩擦愈來愈少。我們完全可以清清楚楚地放鬆注意，輕輕鬆鬆落在身體，體會身體動或不動，體會內心動或不動。

這也就是隨息，是沒有方法的方法。

56
彌合不一致

　　最早，想、講跟做是一致的，只是多面一體，在不同的層面展現。

　　人類愈發達，原本一致的也就分裂了。想、講、做，變得不一致，對我們的狀態造出各種失衡。表面看來比較聰明有效率，可以各做各的，爭取時間和突破的機會。但這種不一致，偏離了我們生命的本質，也就帶來一種心理和認知的失調。現代人隨時都有一種說不清的窩囊、不安全感，是這樣子來的──想的，跟說的不一致，跟行動不一致。

　　包括修行，我們也好像認為要分好幾個層面、好幾個階段來進行，這一方面是反映了我們對這種不一致習以為常，另一方面也是這種不一致非常強烈，只能一點一滴去彌平，甚至即使理論懂了，也很難一步跨過這種不一致、這種隔閡與分離。

　　我會帶出許多練習，也就是配合我們目前的狀態，從不同的層面來克服。隨著我們愈來愈成熟，也就可以擺開這種分離的假

設，從合一來著手。

我前面用根本的、源頭的聰明，來表達這種可以帶動一切的本質或說本能。站到源頭，我們看、了解、行動⋯⋯眼前的動態、現象、變化也不再影響我們。我們可以完全把注意力跟這種最根本的本能合一。

這個源頭、本質、本能，我們隨時可以體驗到它，但是這種體驗、直覺、靈感跟一般的體驗一點關係都沒有。

這種體驗不是現象，我們沒辦法用感官、念頭、感受來體會它，甚至連說直覺到它、感應到它，都是很勉強。

走到最後，我們最多知道什麼不是——樣樣都不是，可以表達的都不是，而它就是。它跟我們親密到一個地步，連一張紙都沒法夾在中間，一點縫都找不到。

我們就是它。

它圓滿，我們也圓滿。它完美，我們也完美。它無所不在，我們也無所不在。哪裡都在，哪裡都不在。它無所不能，我們也一樣無所不能。全部的可能性，都可以活出來。

它無所不知，我們也一樣無所不知。一般的知識，我們一點興趣都沒有。我們就是一個大的智慧，而智慧包括一切的知識。我們看人間，充滿著知識。知識來來去去，我們什麼真實也學不到。這一生我們流浪那麼久，甚至不只這一生，又學到了什麼？

全部學到的只是知識，而且是沒有用的知識。換一個年代，換個時─空，換個層面，全部一點用都沒有，只是帶來限制。

但我們什麼都沒有做，已經是它。

我們充分知道，所謂的淨化、走出制約，最多只是像剝洋蔥一樣的，一層一層剝開，到最後，發現什麼都沒有。

只是，淨化、簡化的過程通常不是直線性的，不是從「有」一路直通到「沒有」。大多數人體會到的，比較像我們過去講的好轉反應，會有一波又一波的反覆起伏——人間的印象、過去的難過、悲傷、痛苦不會馬上完全消失，還會再次浮出來。差別只是一開始也許像海嘯那麼大，下一波可能弱一些。一波又一波，到後來變成一個小漣漪，甚至比漣漪還小，只是微微的起伏。

早晚，它回歸平靜，不再有什麼浮動、不再有什麼地方值得注意。

簡化再簡化，到最後剩下的，用人間的表達就是真善美。我們也只是做一個好人、友善的人、真實的人，全部講的都是實話，從裡到外都一致。

是的，社會、世界樣樣都在爭取我們的注意。但我們一點興趣都沒有，可以停留在自己的中心。對樣樣都可以接受，可以接納，可以肯定，可以隨時感恩。

我們用中道、友善的中立性，給自己一點空檔，慢慢體會到存在、「在」始終在心中，和我們做什麼、怎麼做，沒有什麼關係。我們可以一步一步進行，一段一段去體驗，去剝這個洋蔥；或是也可以直接跳過，直接跳回到家。都可以。

練習：覺的瑜伽，開始一天

我很早就透過每年一、兩個月的共修，帶大家進行「Yoga of Presence」、「在的瑜伽」。在的瑜伽有一種做法，我有時候也稱為「覺的瑜伽」或是「Aware of the Awareness.」、「覺，覺察到自己」、「覺察到覺」、「覺的練習」、「覺，為了覺」。這其實也是一種隨息的練習，一種沒有方法的方法──一切隨生命，隨自然。

要做覺的瑜伽，其實也只是延續我們休息了一整晚剛醒的狀態，注意力不急著往外衝，而是好像退幾步──好像知道、好像不知道，好像有體會又不清楚在體會什麼，有些朦朦朧朧，舒服自在。接下來有什麼、延伸出什麼念想、氣有沒有在動……全部都不去管。

一早醒來，一起來體會。

什麼念頭來，就讓它來。

它想走，就讓它走。

看這時候我們還會不會想去捕捉，要抓點東西，好像還有什麼東西捨不得，非要取回來。

還是可以放下來，乾乾淨淨的。

我們可以享受這瞬間，什麼都沒有做，這享受才是真的，喜

悅會浮出來。

最多我們舌抵上顎。

就這樣子，好像對一切都懶，懶得想去知道。

覺，懶得覺察到什麼。

觀，懶得觀察到什麼。

想，懶得去想什麼。

在，懶得在哪裡。

全部，我們都可以交出來。

我們充滿信心，清清楚楚知道全部都不重要。

從我們本能發出的一切作用，都不重要。

我們都可以臣服，任何一個動機我們慢慢都可以看到，因為它不重要。

我們一路滑回到家，滑回到意識的門口，滑回到奇點，還沒有變成點的奇點，一切的奇點。

我們只是停留在這樣一個很根本的狀態，相對意識跟絕對意識的交會點、門戶，也就是我常講的大我。

說退幾步，也就是退到自己，退到還沒有往外延伸的大我，輕鬆舒服地停留在這裡。

這裡，或說這一點、大我，我們隨時都有，最多是我們的注意力都擺在外頭，而把這個隨時都有、隨時都在的自己給忽略了。

練習：在的瑜伽——和整體一起生活

「在的瑜伽」，可以加入一個瑜伽的姿勢或生活裡的動作來進行。無論哪一種做法，都是採用中道，用友善的中立性面對眼前的體和動態，完全接受、接納、包容、肯定。站在中道，我們滑回整體，看這身體有一個姿勢、有一種動態。

我們可以先從比較單純的動作開始，例如橋式、前彎、還原六法第 4 式這類瑜伽的姿勢。這些姿勢本身對我們身體的調整，也很有幫助。

先重複幾次，讓我們熟練姿勢或動作，接下來帶入一個整體的意念，也就是這動作不光是頭腦在指揮著身體去做，而是好像每個層面包括身體、情緒體、感受體、光體、能量體、呼吸體——全部一起進行，一起體會。

是整體在帶動我們，倒不是我們局限的念頭和身體在主導。

說整體，好像是在我們之外，但其實不是。我們並不是去找一個比較大或比較高的整體來看自己做瑜伽。剛好相反，我們只是落回本能，滑到整體。

怎麼做？也只是無論眼前有什麼現象，我們都可以肯定，可以接受，也就滑到另一個層面，另一個平台。

不斷這樣做，我們會發現「覺」沒有離開過，沒有消失過。

在這覺的本能，覺的場，我們發現有一個誰、有一個姿勢、有某一個肉體的展現。這樣子，我們已經站在整體看。這麼簡單，就可以活出中道。

這種「在的瑜伽」是一個人比較成熟，突然有一種覺醒的經驗，發現這世界完全好像化解掉了，再回到肉體後會有的體會。

就好像對他，個體的重要性消失了。是整體帶著他回到身體，培訓他從不同的角度看世界、看自己、看每個動作，打開過去的受限，自然落到一個更廣、更大、更完整的層面。

這樣的練習，比較成熟的朋友可能可以投入。但我也發現，如果我們對世界、對頭腦、對個體性還抓得比較緊，還沒有準備好，做的時候自然會覺得勉強，也比較容易質疑，提不起勁去進行。

這時，也就回到呼吸、靜坐、持咒、感恩……這些比較具體的練習，讓身心抓得很緊的部份放鬆下來。熟練了，可以隨時建立一個神聖的空間，把基礎打穩，可以誠懇、舒暢而有安全感。不知不覺，我們已經準備好，可以試著換一個前提來練習——從個體移動到整體。

練習：動或不動，都讓整體帶著

在生活中，在忙碌中，跟人對話，處理事，還有一個東西是不動的，而我們可以隨時站在這個沒有動的地方。

一個姿勢，一個動作，跟我們的真實沒有衝突。

我們可以選一個喜歡的姿勢，像是坐著、站著或是躺著都可以。往左看，往右看，稍微手動一下或是抬起來。沒有非得怎樣不可。

隨息，也可以說就是一起發呆。一樣地，坐著、躺著、站著⋯⋯任何姿勢都可以，跟姿勢沒有關係。只是自在，在哪裡不重要，最多就是一種覺的感受。

覺，不是覺察到什麼。

我們還有什麼東西需要去捕捉，還放不過。我們這一生，還有什麼任務需要去完成？或是還有什麼人、什麼東西、什麼事情比這個瞬間更重要？更讓我們喜悅、讓我們歡喜？

還有什麼東西呢？

我們只是全部投入眼前這個瞬間，不是透過做什麼，也不是透過怎麼動，只是輕輕鬆鬆自在。

意識想膨脹，就讓它膨脹。

樣樣都是頭腦投射的，樣樣都可以放過。

重點不在眼前任何的發生、氣的變化。

任何現象，都不是。

任何現象，我們都可以放過。

我們還沒來這一生，或是這個身體走掉了，這個覺，還在。

真實、覺、在、本質⋯⋯跟我們在人間怎麼去解釋、歸納、描述，一點關係都沒有，跟我們二元式的語言、念頭、邏輯沒有關係。

這個說不上是練習的練習，我們隨時都可以做。一開始，可以找一個假日，輕輕鬆鬆地，我們維持這種心情，選一個動作，慢慢地、一步一步做，愈慢愈好。

就是手腳在動，還是維持這種領悟。除了知、在、覺，一切跟我們不相關。

動，為了動。

跟頭腦沒有關係，看可不可以完全讓頭腦放過，完全讓心帶著走。

我們停留在眼前的姿勢，這時候還可以維持這個覺，可以放過一切。

意識想膨脹，就讓它膨脹。

至於我們在哪個角度看自己、做這個姿勢、停留在哪個姿

勢……都無所謂吧？

有跟整體分開過嗎？

覺，或是在的領悟會死掉嗎？會因為有動作，就消失嗎？

還是我們可以輕輕鬆鬆看著它，定在它？

外頭的變化，還會把我們從覺帶走嗎？或者是我們可以從心、好像好遙遠的心，來面對變化，看著我們自己在做這瑜伽的姿勢？

覺，心中的覺，我們認為在哪裡？可能在別的地方嗎？

我們還需要用功、認真，去找到它嗎？

還是我們就是我們在找的？

我們就是它。

57
不費力，沒有選擇

這一來，不費力，沒有選擇，我們已經放過一切。

我們還剩下什麼捨不得放下？還是最多停留在意識的源頭休息，活出生命的本能，而本能最多就是沉默——沒有選擇，不費力的沉默。

沉默含著一切生命的本能。就像一隻獅子根本不用吼，輕輕鬆鬆的，自在就夠了。我們最多只是自在，不透過語言，不透過想，不需要什麼動，早已活出生命的能量、活力與真善美。

無論我們用什麼話、什麼名稱、什麼詞彙來表達，是隨息，是覺，或是在，都是一樣的。隨息就是覺、就是在的瑜伽。我們輕輕鬆鬆存在，也就完全享受沉默，活出見證者的角色。

透過這種沉默，透過這種接納的態度，小我自然消失，性格的問題、人間的摩擦也跟著消失了。我們懂得隨時透過在，回到在，連結到一個很穩重的神聖空間。

透過沉默，我們已經在表達慈悲，有耐心同情對方的痛

苦。這樣子，我們不光把周邊的氣氛做一個變更，連自己也大幅度改了。甚至，過去的命運可能推翻了。好像從多個層面，同時重新開始。

就這麼簡單，我們就跳出了人間種種的陷阱。

生命的本質，不是靠動態、作為、表達而有的。我們一般人全部是靠動，一秒鐘都靜不下來。話講不完，頭腦也動不完，連手腳都要動。

我們真正要停留在「在」，根本不是透過動。「在」或存在，是一種輕輕鬆鬆、自在的觀念，是從心裡面浮出來的。然而，我們透過動也可以體會。無論動或不動，存在都在。

透過各式各樣的練習、反思、觀想……各種方法和工具，也不過就是為了讓我們回到在的心境。走到最後我們會發現，並不是說完全不動才可以體會。我們動或不動都可以體會到。只是，剛開始從不動、靜態去體會，會比較容易。

所以才會有那麼多的靜坐，或是躺著發呆，讓我們在安靜的時候，看可不可以體會到，再慢慢帶到生活中。就是我們處理事、走路、跟別人講話……它都還存在。

這時候，我們稍微安靜，透過沉默去體會它就在眼前、在心中，也就隨時把它找回來了。我們一天24小時，一個星期7天，隨時隨地都可以體會到它。

甚至連睡覺的時候,都可以體會到。

當然,這要靠我們自己的成熟度,或者說個人轉化到什麼地步,最多就這樣子。

練習：你可以承擔嗎？

透過中道，我們完全轉回到自己，內心沒有波浪，非常的安靜。

這種安靜，別人可能覺得是無聊。甚至有時候我們過去的制約浮出來，也可能會讓我們這麼認為，而忍不住做點什麼來打斷，或是把寧靜、內心的空間給看輕，認為不重要，浪費時間。

這種完全的沉默、沒有事的寧靜，你可以承擔嗎？

58
沒有什麼成就可談，
只是真實暫時留下的腳印

　　一般人常有的一種誤解是，把醒覺當作一種「別的狀態」、「特殊的狀態」、「不同的狀態」，或認為醒覺後會有一個全新的自己，和原本的自己不一樣。

　　不是的，醒過來也只是整體很輕鬆留了一個腳印，落在我們的身心。如果醒覺是個本來沒有的狀態，我們也不可能醒覺。

　　我會這麼表達——小我淨化再淨化，臣服再臣服，參到最後幾乎透明了，剩不了多少東西，最多變成一個空的容器，讓宇宙來貫通我們，並不是我們還要去取得別的什麼、達到原本不屬於我們的什麼。

　　這和一般的觀念完全顛倒——不是我們可以醒過來，這身心是醒不過來、覺醒不來、開悟不了的。我們能「做」的，最多是讓自己透明得差不多、淨化得差不多，心裡的障礙差不多消失，於是宇宙得到一個空間來帶我們回家，來灌頂我們，恩典我們，

讓我們定到自己。

從身心的層面，整體、宇宙、無限大的能量突然貫通我們這有限的體，是可能體會到一些好像過去沒有的現象。就像電路瞬間沒有阻礙，使電壓帶來的電流接近無限大，流過去就造出了短路，讓線路發熱、冒出火花，甚至整組設備燒掉。

無限大的能量貫通我們，多少會在身心留下一點印象，這時候看世界，也自然帶著整體留下來的一些印象。

整體留下來的印象，也就是古人的一些境界、狀態、重視的價值，比如說菩薩道的波羅蜜、友善、風度、優雅、忠厚⋯⋯我們透過整體的基礎看世界，無形中帶著一點友善、正向的味道，也就是我們不斷用中道、友善的中立性來進行的。面對眼前的一切，我們接納、歡迎、不斷感恩、不斷跟宇宙講「Yes!」、「是」、全部都可以接受。真善美，也就是這個意思。

我們用這樣的態度來面對眼前的瞬間，整體已經在心中，帶著我們在運作。

59
真心的原諒，徹底的救贖

如果過去的人生遭遇到傷害、蒙受損失，而在身心留下強烈的創傷，中道也許是一個最容易、最徹底、最透徹的方式，讓我們可以走出失落和痛苦。

我們或多或少都可能在某些方面受到傷害，程度有大有小。我遇過許多朋友，包括身邊的一些人，他們認為自己可能在某個層面失敗，而希望能有另一個機會平反，最好能得到一個贖罪的機會，讓自己能修正過去、補償某人、彌補內心的不安，重新得到清白，不再有遺憾。

這種求得原諒和救贖的渴望，並不是宗教風格濃厚的時代才有。坦白說，現代人這方面的需求更為強烈。現代社會的對立、輿論風向不斷的變化，讓我們很容易抱著某個偏激的主張，做出日後可能懊惱的反應或表達。外在環境很快會變，可是許多人再也回不到往日的平安，而想從外在做更多、想去彌補、想去贖清過去的錯誤。

尤其在這段時間，我們所經歷的是充滿了分裂和二元對立、高度兩極化的時代。從政治、意識型態、社會的價值觀來看，這麼激烈而廣泛的對峙是人類歷史沒有過的。全球都有這樣的情況，就連生活在同一個家庭的人都可能有很不同的看法。

尤其社群媒體帶來的方便性，讓我們完全可以自己選擇新聞來源。於是我們明知它偏向左派、右派、保守派或是自由派，但為了減少內心的衝突，可能寧願選擇符合偏好的觀點，不想多了解其他立場的想法。

以前我們多少還是會多聽多看，媒體也會做點平衡報導，保有一定的中立性。現在，在追求流量、觀看數、分享數的年代，沒有這種中立的空間了。保守派會變得更加保守，而站在對立立場的族群則會認定保守派完全不可取，彼此都把對方當作不可理解的惡人。

這種把彼此當作妖魔的傾向，只會愈來愈明顯。到頭來，完全不想保留一點空間給與自己立場、想法不同的人。

我們選擇的資訊會強化自身的偏見，到一個地步，我們會覺得雖然在同一個實體的地球生活，卻好像活在兩個世界，兩個不同的頻率，兩個不同的境界，兩個不同的現實。我過去常用地球1、地球2的比喻來談，但這不是未來才會浮現的趨勢，而是老早已經發生了。甚至這地球還會更加撕裂，用多重的平行宇宙來

比喻，都不為過。

在這種巨大的改變下，我們很難保證自己的一切作為都符合理想，甚至可能現在就發現很不妥當。這一來，我們會不斷地後悔、不斷地哀嘆，希望得到救贖，把過去的一些錯誤改正過來。

我過去幾十年來，體會到中道是最直接也最快速的方式——幫助我們面對眼前和心中的現象，無論是什麼，我們都接納。心痛、後悔、憤怒……一切變成一個回轉的工具。

痛苦愈大，轉變速度和力量反而也會加大。如果我們不放棄，持續走下去，不僅可以走出過去的狀況，還能緩和自身的痛苦。不知不覺，不僅失眠、噩夢不再發生，過去的自責和懊惱也不再隨時在心裡冒泡，發出刺骨的痛。

我們走出來，也會發現自己不光能原諒別人，還能原諒自己，發現自己沒有那麼糟糕。哀歎、罪孽、彌補、贖罪……這些沉重的觀念慢慢會消失。

最終，我們會發現沒有誰真的錯了，沒有什麼事非得怎麼樣不可，過去也沒有犯多大的錯。只是我們受到二元對立的影響，承受不了而自然有一種反彈、有過度激烈的反應，以為這樣可以保護自己。但這種保護只是一時，最終受到影響的還是自己。

我們經歷了這些，也不會再那麼偏激，不那麼容易落入左派、右派或任何激烈的立場。我們更知道要就事論事，要看每個

個案的具體情況來處理、來看、來判斷，而不是非得怎樣不可。

我們不會用某個立場來過濾一切。我們的世界觀、對自己和別人的看法，反而變得中立起來。這樣，也就更能夠容納未來的衝擊。

這是我認為中道最直接的作用。只要一個人實踐中道，就會發現這方面的效果。

60
很誠懇解散自己的習氣

　　有些朋友有紮實的專業訓練，也許是醫學、科學、企業、教育、政治、哲學⋯⋯對世界的認識相當豐富，是公認見多識廣、知識淵博的人。這樣的背景，對修行是助力還是阻力？

　　這樣的人，對人、對事、對世界很有一套，受到菁英的訓練，對任何事的分析和判斷和一般人很不同，理所當然會得到重視。他看別人怎麼思考和反應，也很容易看不慣。

　　無論東西方，這樣的朋友都不少。尤其自行創業、經營企業的圈子，更是常見。

　　我通常觀察到，在修行的前段，他的阻礙會非常大。他習慣對樣樣都有意見，強調任何事要有一個對比、一個分別，也習慣很快做一個犀利的判斷。這一來，他會把樣樣都帶到理性的軌道上。首先頭腦要動，要打開，要想通，他才可以接受。但是，這個強烈分別的過程，可能也排除掉很多常識，其中很多就是靈性上的。

等於說，我們在講兩個不同的意識軌道——相對、絕對。我們頭腦五官可以處理、可以體會、可以討論、可以理性化的，是相對。對他，相對的範圍都是可以理解的，但絕對會有一點不理性的味道，超出相對的範圍，也就很容易被他的理性給排除掉。

要過這一關，是非常難。

尤其是發達的現代社會非常結構化，從經濟、社會、教育……各層面把人框得很緊。絕大多數人很難跨過自己的出身，去接觸到不同的想法、不同的生活方式。自己的成見，或講好聽一點是專業和見識，也就根本不會想到要放下。

愈是所謂好的出身、高學歷、高社經地位……愈是如此。

我多年來也就是尊重——尊重每個人不同的隨伴業、不同的成熟度，而沒有覺得誰非得怎樣不可。最多是提醒一下，這些背景、能力、條件其實是一種阻礙，在前面的階段並不足以作為輔導我們、幫助我們的工具。

但是，一個人假如突然有一種打開的經驗，通常是在行為上，比如說在公開場合突然發現自己可以很自在，可以輕鬆講話，自然表達自己真實的想法，不需要很緊繃，不需要總是擔心失禮，而是很幽默，可以拿自己開玩笑，不像華人總是有一點彆扭——自己尷尬，別人也覺得尷尬。這種經驗會為他帶來一種解脫，他會發現自己原來不曉得活在哪一個世界，被自己的規矩綁

住，被自己框架起來。

有過這種放下身段的經驗，而且不止一次好像換了一個人的經過，他可能對一切的看法都不同了，甚至對過去自己認定的基本常識也都被推翻。他會發現所謂的常識根本不是常識，只是自己鎖住自己，自己綁住自己。

這對華人是非常重要。

所以，有時候我要帶著大家笑一笑，笑自己，就是不要把自己當成那麼嚴肅，把自己看得多麼了不起。

從行為層面出發，我們連態度都有了徹底的轉變，這時候，過去的常識、專業、能力、見識才不會繼續成為一種阻礙，才不會成為小我抵抗的工具。反而我們順著過去的專業，一方面可以養活自己，另一方面也可以作為一種邏輯的工具，可以帶自己滑到整體，滑到絕對的範圍。

這是我過去幾十年所觀察到的，可以分作兩階段來看，但通常前段就很難過關，再提後半，也就還太早。

我為什麼要特別提出這一點？因為很多朋友有一些體悟，但是他要了解——自己出身成長的背景，包括家庭教育、專業訓練、認同的文化、相信的價值……其實比較是阻礙，倒還不是一個工具。

這一點，是我們自己要去克服。

我希望能很誠懇地表達這一點，不是為了批評誰或給誰潑冷水，而是希望每一個人讀到這裡，對自己認定理所當然的一切，能有一個機會反省而從裡頭走出來。

　　當然，走出來，並不是去抵抗或看輕自己的出身，這只會帶來更強烈的情緒和念頭的反彈，對我們沒有幫助。

　　要消除這些障礙，只有用中道的方式，才可以把過去種種的習氣，包括我們自以為的常識、自以為的正常、怎麼去理解一件事、怎麼解釋、怎麼應對……累積那麼多的障礙全部都解開。

　　面對這一切，我們也只是友善地接受、接納、臣服，它也就會慢慢自己解散。

61
簡單的人，豐盛的生命

習氣，是能量的組合。

這一生，我們所看到、體驗到、活的，都離不開能量。

透過種種的方法和提醒，我們從飲食、呼吸、靜坐、觀想、朗誦、運動……著手，也就是希望建立一個基礎，讓我們可以把老舊、不再需要的能量放掉，而讓宇宙帶來的力量、恩典、支持、光進入我們的生命。

我們無論是追求解脫、幸福或豐盛，最多就是把過去的能量、制約、依賴或業力留下來的疤和結釋放出來，而讓生命充滿了新的能量，活出新的習慣，建立新的迴路。

當然，我們也可以說是透過這些練習建立一個神聖的空間。說「神聖的空間」，所表達的也就是新的能量。把舊的能量放掉，讓新能量進來，我們已經在自我療癒，已經在恢復。隨時讓新的能量進來，我們也就有了往前走的勇氣，而帶給自己安慰與療癒。

一般人想到活得幸福和豐盛，連想到的通常是物質的層面，無論金錢、名譽、權力好像都是愈多愈好。但真正帶給我們幸福的，並不是在這方面。我們在物質的層面累積愈多，反而可能帶給自己更大的負擔、更沉重的壓力、更多的不滿足。而且人類是生物，而生物本來就有享樂適應的機制——無論感受到多大的快樂，很快就適應了，不再覺得那麼好。甚至，接下來需要更多的刺激，才能達到同樣的快樂。

反過來，如果不把物質層面當作全部的追求，那麼我們這一生追求真實，而在物質層面還能養活自己，讓我們不要煩惱，樣樣都很平安，那不是也很好？

我們想活出最佳的健康、最佳的生命、最佳的命運，一樣要懂得把不符合我們現在價值觀的能量放掉，讓它化解。接下來，重新開始。這樣子，我們也就不斷懂得跟生命、跟宇宙接軌。

如果我們塞得滿滿的都是舊的能量，我們也不肯放手，連過氣的衣物、不再使用的物品，都捨不得把它送出去。那麼，我們要怎麼交換宇宙無限的能量，而新的能量怎麼可能進來？

不光是東西捨不得放掉，我們許多時候注意力被鎖定在眼前或過去的困難、受傷或煩惱。對工作、家裡、關係、自己的生活……好像總有說不完的顧慮和心煩。我們假如要走出這種煩惱的狀態，一樣要懂得，先清理過去的能量結，才有空間接受新能

量的流動。

　　抓著過去不放，這本身就違反從古到今都知道的一個生命的大祕密。過去有人將這祕密整理成一套學問，在華人的圈子稱為成功學。我相信許多朋友都接觸過，只是沒想到這和生命的本質、生命真正的豐盛是有相關的。

　　也是因為如此，我透過很多方法，希望陪著大家做能量的解散、習氣的解構，化掉小我的障礙，讓全部生命無限的光、無限的愛、無限的能量進來。我們才可以徹底轉變，投入新的軌道、新的路徑，讓生命帶著我們走，接觸到生命全部的可能，甚至脫胎換骨，人生完全重新開始。

　　像是透過火的典禮、水的典禮帶來的淨化，讓生命更大的力量幫助我們解散、解構、放下過去的模式和習性。

　　我也透過呼吸，無論快、慢、溫柔或激烈，就像是完整地去體驗呼吸譜，來幫助我們達到一種解散和重新組合。其中，重生呼吸含著過度呼吸的作用，對我們釋放積累在身心的老舊能量是特別直接、特別快。

　　每個人來到這世界都有創傷，如果我們隨時懂得透過呼吸來進行，用激烈的呼吸突破能量的阻礙，用溫和的呼吸將身心帶到一個舒暢的諧振，甚至懂得用閉氣強化身心的韌性，也就得到了一種彈性、一種靈活性，讓我們重新組合生命的可能，活出各式

各樣的潛能。

　　我們外表長什麼樣子，出生在怎樣的家庭，有怎樣的身分……不再是重點。面對重新來過的人生，我們的考驗是怎麼徹底活出內心——講、做、想，全部是一致，做一個友善、快樂、幸福、圓滿、隨時喜悅、隨時平安的人，活出真善美。

　　這才是我們真正的目的。

62
中道，隨時帶我們回家

　　無論靜坐的八萬四千法門，或濃縮到最後的止或觀，參或臣服，一切靈性的靜坐或是練習，講到最後就是中道。

　　透過各式各樣的方法，也只是希望我們可以跨過身心的局限，發現有一個境界，比過去痛苦而黑暗的狀態有遠遠更大的力量。生出信心，信賴生命的力量，引導自己走出來。

　　每天只要有時間，我們透過重複再重複，練習再練習，隨時為自己建立一個神聖的空間。最重要的是，我們感恩而誠懇，也會懂得怎麼去慶祝，怎麼去欣賞。

　　我們欣賞這個瞬間來，歡迎下個瞬間來，已經是一種慶祝的態度。一天下來，我們隨時都可以慶祝——慶祝自己活著，慶祝我們就是生命，我們就是自己一直在尋找的一切。既然我們早就找到，也不用在別的地方再去找。

　　這樣子，我們從早到晚都用這種提醒或超連結，隨時將自己帶到一個優美、優雅、正向、完美的境界，這是非常重要。我們

也才有一個空間，讓過去的受傷可以慢慢自己消失。

　　是的，過去的受傷有時候還是會回來，一些負面的經過會重新浮出來。也許是白天清醒的時候，傍晚疲憊的時候，或夜裡睡夢中，都可能。這時候我們就要問自己──So what? 即使如此，又怎樣？難道還可能把我們帶走？就算我們被難受給帶走，接著想起來了，是不是又可以把自己帶回來？

　　一波又一波的負面情緒、記憶和念頭，我們可以當作是好轉反應，透過中道來面對，讓它一波波洗過去。我們不做抵抗，只是放鬆接受眼前的現象，它會慢慢減少的。

　　我們可以培養其他興趣，在生活每個層面來支持自己，包括我一再帶給大家的朗誦、運動、呼吸練習、音樂的療癒、正向的提醒和肯定，隨時回到自己靠得住的神聖的空間。飲食也是重要的幫助，特別在情緒起伏大的時候，多攝取一些脂肪，可以為感受和情緒建立一個緩衝的空間。

　　不知不覺，我們已經走過最困難、最黑暗的階段，而只能高興再高興，慶祝再慶祝。

　　找到神聖的空間，本身就是回到這裡現在、回到瞬間。我們的注意能休息在眼前的瞬間，這本身就化掉一切過去的創傷，將小我帶來的習氣、看不開的窩囊、心痛、心酸、創傷，全部化解掉了。

停留在這個瞬間，也就是中道可以隨時帶來的作用。我們可以隨時回轉到自己，自己就是瞬間。

　　中道，最後也就讓一個人簡化再簡化，單純化到一個地步，活在瞬間。像一個小孩子，動機跟行動全部是一致的，我們看他也就覺得很天真。走到最後，我們也會天真起來，變成像小孩子一樣既幽默又可愛。

　　我們這一生全部都是透過「動」，而採用中道透過任何動作，包括念頭的動、說話的動、身體的動，我們都可以做一個回轉，發現真實和存在不是靠「動」，但是我們可以透過「動」找到「在」——把我們的注意從「動」轉到一個叫做「不動」或是「在」的層面。

　　「在」，就是在這個瞬間。

　　我們會做那麼多練習，就是因為我們都是初學者，都活在充滿「動」的境界和狀態。那要怎麼去體會到「不動」、「在」或「存在」的觀念？

　　當然，我們要給自己一些寧靜，用靜坐、用各式各樣的方法把寧靜找回來。我過去帶大家靜坐、各式各樣的練習或體驗，讓大家從這一生不斷的動態中突然有一點寧靜的味道。從這寧靜中會發現，原來我們有一個東西遠遠比動態的層面更大。只是我們這一生被自己洗腦了，選擇沒有看到。

我們慢慢沉澱下來，開始成熟，也可以慢慢從動發現不動。等我們可以自己扮演這個帶動中道的角色來進行，也就不需要不斷地提醒。

但在初學的層面，我的出發點是先為大家爭取時間。爭取時間來做什麼？也就是從動，找到一個東西不動，找到一個寧靜的層面。

這種寧靜當然會帶來喜樂，帶來平安，帶來種種的特質。我們如果完全活出波羅蜜，有很多層面可以體會到這寧靜，或是體會到瞬間、這裡、現在、當下的味道。

練習：在嗎？

一個人徹徹底底知道，就是覺，覺察到自己。

覺察，最多只是覺到什麼？覺察到覺。

知為了知，知道什麼？知道「知」。

在哪裡？在，就在。

這時注意或覺，已經回到一個最基本的潛能、最源頭的聰明。如果要形容它，也可以說是一個奇點，最根本的本能。假如我們勉強再勉強去描述，最多只是存在哪？存在自己。

知道什麼？知道自己。

覺，覺自己。

在哪？在自己。

我們只能用這種很勉強的語言來表達。

但是，我們滑到這個最基本、最根本的機制，不再需要有二元對立，不再需要一個主體再加上一個客體來描述這種境界，而是可以單純地在一個奇點。

它自己存在，就像是一個螺旋，螺旋到底，最後剩下什麼？只剩下自己。

它不再需要靠其他的機制，或是跟其他的基準比較來表達自

己、讓自己存在。它本身帶有一切的可能、一切的依據，足以讓自己存在。

透過中道，我們臣服到底。走到最後，自然發現是一片平安。在這平安的過程，有時候會浮出一點念頭。這時候，可以用「在嗎？」、「還有事嗎？」作為一個中道的提醒。

我們也可以選一句對自己比較有作用的話，像是「有話要說嗎？」、「還有可以想的嗎？」、「還有分別嗎？」、「還有什麼不同嗎？」、「可以自在嗎？」

不用解釋，不用理由，只要輕輕鬆鬆存在。

或是「在嗎？」

我們全部投入眼前的瞬間，點點滴滴活在身心，投入身心，沒有顧慮、沒有隔閡。

雖然只是短短一句話，我們成熟了，力道自然很不一樣。

這種輕鬆的提醒，讓我們進入真正的參，走上參的軌道。

一路走下去，也就沒有回頭路了。

「在嗎？」

63
謙虛，再謙虛

　　我過去會用往地下挖洞的比喻，來說明意識成熟的過程有垂直深度的進展，也有水平的擴大，讓我們的成熟度深化又變廣。多年來，我們表面上在談同一個觀念、同一個真實，重複差不多的練習，但隨著我們自身的成熟度不同，體會的深度和廣度也就跟著不一樣了。

　　畢竟就算我們理論上都懂，有些人可能認為自己見道，有非常透徹的領悟，但下個瞬間還是要回到世界。我在《定》也提到，就是一個人很深地進入無思無想、完全沒有念頭的無想定，定了一萬年那麼久，早晚還是要回到世界。一回到人間，頭腦還是會動，還是有念頭、有煩惱。那麼，再深、再高、再長時間的入定，究竟解答了什麼？

　　我們是多個層面的組合，需要各個層面跟著一起轉變。我總是覺得，到了這個地步更要加倍謙虛，要正視自己雖然懂，但不是在每個層面都能活出來──我們法身可能稍微點到了，但還沒

有貫通報身和化身。在思考和理解的範圍得到一個徹底的變更，已經非常了不起。只是一遇到問題、困難和挑戰，我們的情緒、生理乃至其他層面還是會被挑動。過去的煩惱和受傷，還是隨時回來折磨我們。

這是我們每一個人的處境。

我也把握機會來強調中道的重要性，而且會提醒中道是帶著一種友善、善意、正向的中立性來接納世界，接待下一個瞬間。這樣子重複練習，不斷提醒、反省──見證、臣服、參，讓我們透過眼前的理解和成熟度去體會、去面對。

即使我們一時做不到，失去「我─在」的視角，但透過這些練習和行為的轉變，我們很容易踩穩腳步，重新跟上，回到一個中性的見證者。我們的練習和理解產生了一種良性的循環，帶著我們走。有時候念頭的轉變走在前面，帶著身心靈走下去。但有時候，沒想那麼多，從行為就完全符合而跟上了最高的理解、最終的領悟。

我們徹底頓悟，再回到這世界，也只是充滿了友善的心情──大慈悲、大喜樂、大平安、大寧靜──不可能不是如此。帶著這樣的心情，最多也只是做一個好人，活出波羅蜜，也就是聖人的境界。

我們回頭看整個人類的歷史，大聖人都是活出這些境界。透

過他們個人的表現，徹底活出最高的領悟。

　　既然最終一定是這樣子，我們從一開始的練習，就把最終的境界帶到最前面，帶到初學，肯定宇宙，肯定周邊，肯定自己，肯定一切。我們用一種友善的態度來面對世界——感恩、肯定、包容、接納、懺悔、祈望、回饋——用這些方法為自己爭取時間，隨時從浮動的現象回轉到自己、觀察到自己。

　　我們隨時可以做個見證者，同時把最友善的層面帶到人間，也就把習氣點點滴滴改過來了。包括行為層面的習氣，也包括情緒和思考層面的制約，全都一起改了。

　　我們假如懂了，而且實際活出來，圓滿而完整地做到這裡，自然不再有人生的種種擔心，更不要說還受到創傷的影響。

　　樣樣都好，是宇宙帶著我們走下去，點點滴滴活出生命全部的可能。

　　這是我們共同的成就，而完全值得一起大大地慶祝。

　　慶祝的方式，也只是隨時透過練習活出我們的領悟。在各個層面，活出我們新的常態、新的正常。

64
在一覺一樂，歡喜而徹底解脫

　　許多人接觸修行是經過非常多的痛苦，就好像一生都在人間流浪，再親的人也不明白他在想什麼，不曉得他的痛苦在哪裡、他安定不下來的原因是什麼。好像他自己非要獨自走一條別人不肯走的路，充滿創傷、充滿痛苦、充滿失落。

　　這樣的人並不需要同情或可憐，是這樣，他才有機會下決心，充滿堅定心，把樣樣變成工具、變成他前進的燃料，而可能徹底醒過來。

　　人生就是這麼有意思，在最困難的情況下，我們反而可以找到一把鑰匙，可以找到一個解脫的工具，可以找到祝福和恩典。這一點，看我們自己是不是可以信得過。

　　前面曾經提到過，印度吠檀多派談的 *Nama, Rupa, Sat, Chit, Ananda*——名稱（分別）、形相、在、覺、樂，前兩個也就是人間比較粗重，透過感官和頭腦組合的名相，而我們只是把注意稍微從具體的名相挪開，或者用全部生命系列的表達，會說「從相

對的層面挪開」，那麼絕對的特質——在─覺─樂（*Sat, Chit, Ananda*）也就浮出來、爆發開來。我們享受在─覺─樂，隨時停留在定的境界，在涅槃，在喜樂。而且，這種喜樂是大喜樂，大平安，大慈悲。

我們有無明，注意完全被名相遮住，有那麼多分別的觀念，活在充滿隔閡的境界，才有那麼多痛苦。將注意從名相挪開，在─覺─樂完全是自然的結果。並不是我們找到它，我們只是把眼前的面紗挪開，真實也就浮出來，而活出它自己。真實，我們所講最高的心境，也就是吠檀多派在講的梵、梵天、神，基督宗教的主、神、上帝。我們跟神、主、上帝、梵天、真實，是分不開的。

採用中道，我們不光是臣服，而還是帶著友善的中立性，回轉到自己來看世界。到最後，我們已經樣樣都接受，樣樣都看開，樣樣都可以接納、可以肯定、可以感恩。這時候，沒有什麼分別和名相好談，也沒有五官帶來的煩惱，就連什麼是念頭、什麼叫做感受……這些，我們老早臣服了。任何現象，都臣服，都放過了。腦海裡面，像水乾乾淨淨的，裡頭有一點灰塵沉澱，都看得很清楚。

我們在一種很清楚的心境，如果有任何念頭激起了一點波浪、一點漣漪，也許刺激我們或不刺激我們，我們看得清清楚楚

楚,這就是參。

在這裡,還有什麼要練習?要反思?還有什麼忙不完的追求?做不完的責任?

全部,一片平安。都是一樣的。

我們走到最後,慶祝、歡喜、喜悅都來不及,還會想追究什麼問題?

老早都過去了。

回到這一生,接下來就好辦了——想做什麼,就做什麼。旁邊有人需要幫忙,就去幫忙。雖然清楚知道世界是個大幻覺,我們還是可以協助。看到任何痛苦,不會去分析它是虛的還是不虛。樣樣對我們都一樣,還是能救一把。

落在這種大歡喜、大喜悅、大涅槃,我們只可能做一個好人,承擔聖人的境界。聖人的行為,變成我們的正常——每一個動作、每一句話、每一個念頭,都是友善。

這樣,還有什麼練習可談的?我們稱為菩薩道或波羅蜜的這些練習既然是新的日常,早就不能稱為是練習。這方面所有的矛盾,也跟著消失。

65
捨離是自然的結果

我們走到最後會發現，好像和過去的朋友、社交的圈子斷聯了，甚至連家人的關係也淡了。過去的大聖人，釋迦牟尼佛、耶穌、禪宗的菩提達摩祖師、六祖……到近代的拉瑪那・馬哈希也是如此，沒有一個例外。

這種經過，是必須的。

有時候我會聽到一些朋友在分享，強調他們即使修行還是有很好的家庭生活。這時我難免會愣住，知道他內心還沒有走到一個地步，才會這麼說。

我們走到最後，把樣樣極簡再極簡，都單純化，不可能在關係上不這麼做。會走出家庭和親情，並不是因為家庭和親情有什麼特殊的屬性必須避開，剛好相反，正是因為樣樣都是一樣的，也就自然平等化，沒有了男女的分別，也沒有親疏遠近的分別。過去一切經驗跟未來可能的經驗都是平等的，不可能有什麼東西捨不得。

像菩提達摩是西域（現在的中亞波斯印度一帶）一位國王的第3個兒子。他放下王子的身分，將禪帶到中國，待在少林寺附近的山洞對著牆壁靜坐9年，一句話都沒有說，直到弟子出現。

這種捨離的心是自然到一個地步，從別人的角度來看是放棄一切。釋迦牟尼佛也是放棄身分、放棄家庭。這些大聖人很早就體會到一切是無常。這一生來不是為了再有一個家庭，享受舒適和親密，也不是為了滿足身體的需要，得到飲食和男女的歡喜，而是為了更大的一個目的，也就是解脫。

他們知道這一生來不是為了在人間建立或延續某一個關係，而已經建立的關係也會脫落。六祖20歲出頭，做了簡單的安排，讓母親生活有著落，然後就出家了。拉瑪那‧馬哈希16歲把家庭的關係切斷，獨自前往聖炬山，他甚至還沒有進入社會，就離開了。

這很不容易，是一個人準備得差不多，成熟得差不多，才會這樣子。

我們一般人成熟得比較慢，通常會經歷成家生子的過程。但有意思的是，到了一個地步一定會發生一些事，讓我們早晚要放過這個舒適的圈子。

首先我們可能發現跟身邊的人不再那麼談得來，自己也不想跟別人閒聊，對人間相關的事不那麼感興趣。接下來或許家裡會

發生一些事，也就走到分手或獨居的狀態。好像宇宙早晚會安排，帶我們到這裡。

　　我這幾十年觀察，這是避不開的。我們成熟到一個地步，會發現連最親的伴侶、父母、孩子都不可能同時在同一個軌道，甚至可能阻礙彼此而早晚各過各的。就好像時候到了，彼此都需要重新組合人生的價值觀念，走上不同的路、不同的命運。如果還要說有什麼差別，也只是有些人很年輕的時候就捨離，有些人晚一點。慢慢成熟了，生命帶來這樣的安排，讓我們自然浮現出家的念頭。

　　從社會一般的角度，會覺得這樣的人非常奇怪，甚至會覺得是異常。但是當事人清楚得很，別人怎麼看根本也無所謂。社會的判斷或期待不再重要，完全可以輕鬆脫落。

　　他還在這世界，心靈已經出家了。

66
孤獨，並不孤單

　　我們走上中道會發現，這一生是否符合社會的期待，已經愈來愈不重要。社會重視的價值觀，好像跟自己無關。我們很清楚這些價值觀念是人為的產物，只是人養成、堅持的一些看法，完全是人想的，是人的規則。

　　走到這裡，我們會發現自己是孤獨的，或從別人的角度來看是孤獨，但對我們反而是最自然的狀態。

　　我們會不知不覺走出自己的一條路，與別人無關，也不需要別人的同情、同意或贊成。我們能獨自承擔起自己的責任，發現自己非常自在，甚至可以說自己就是最好的伴侶，不需要別人，不需要其他東西，連陪伴都不需要。

　　到最後，有沒有伴侶都一樣的。

　　如果我們能很正向地回到中道，回到真正的自己，會發現一直在找的是無條件的快樂。不管是愛、伴侶、還是其他追尋，所反映的都是無條件的喜悅和自在，而這可能是我們一生最深刻的

目標。

即使獨自住在孤島，身邊沒有人，也依然活出自己高貴的本質，活出貴族的風度。我們充分接受自己的陪伴，甚至也能欣賞自己。

這樣，我們在根本的層面上，完全成為自己。我們會有一些自己的看法、想法和價值觀，心裡明白這與別人無關，也不認為需要爭取別人的同意或贊同，或需要與別人分享。

這已經走上了一條閉關的路，是一個人的修行，是單獨的修行。這時候表面看起來很重要的閒聊、互動或談話，對我們好像沒有多大意義。原本重視的話題對我們不再重要、不再相關。

閉關是最自然的一個現象。

許多人拿自己的人生規劃來問我，像要不要閉關、是不是選擇這條路或那條路。我的看法和一般的觀念往往是徹底相反——對我，這條路完全是自然的，並不是說我們還沒克服互動的需要和情緒的波動就勉強自己去閉關，才是誠懇修行。而且，既然是生命帶著走，也並不是我們自己去費力計劃、安排閉不閉關，或刻意選擇某一條路、某一種用功的方式。

不是這樣的。

跟著生命走，我們也可能不是閉關，而是傻里傻氣在某個角落為社會、國家或理想奮鬥。但和過去不同的是，這些理想已經

與個人無關。甚至,連人類認定的重要不重要、多悠久的文化、多先進或落後的文明⋯⋯跟我們也不相關。我們也可能選擇一條沒有人想走的路。選擇什麼,根本無所謂。我們不在乎是不是要符合社會的期待,也不在意別人同情不同情、支持不支持。

走到這樣的境地,最有意思的是,我們反而會發現自己能夠活出最高的境界,也就是波羅蜜。

這條波羅蜜的路不是為了示範給別人看,甚至不是為了讓人得到好處,也不是為了讓別人支持或認同自己。我們活出這樣的生活,只是為了自己,因為這條波羅蜜的路符合個人的領悟。

再一次,這可能又與大家的想法顛倒。

67
簡化再簡化，活出眞善美

依賴，本身就是聲明業力——不斷建立並重複過去的迴路。這就是我們的依賴或制約，而都是一種習氣。

我們對人間的依賴性，無論是對人、事、物或對某個觀念的依賴，可以說是我們過去或應該活出的業力藍圖被展開，或說是承擔過去的業障，而跟這一生的業力分不開。

我們透過不同的依賴決定我們的個性，決定對人、對世界、對自己、對樣樣的態度，決定喜歡這個、不喜歡那個。人生點點滴滴的選擇，完全反映了自己的依賴性。

這一生如果可以打斷依賴性，讓命運得到徹底的轉變，其他的層面也就重新開始。表面上我們只是放過了某個關係或某個執念，卻已經對過去的業力做一個很大的轉變。而這個轉變的方式，最多只是回到自己、回到內心。

我們對眼前的瞬間帶來的考驗和內容，不再那麼在意。透過任何內容，都可以讓我們回轉，將注意從外在轉回最源頭的聰

明。這樣一來，瞬間帶給我們的考驗和衝擊會慢慢淡化。

我們早晚會發現生命的內容並不是那麼重要——好壞、高低、喜事或不幸，這些內容都只是一個機會，讓我們可以回轉，而自然發現對瞬間的內容「麻木」，好像有了一種抵抗力。

我常常講「immune to the present moment」逐漸建立起對當下、對眼前這個瞬間的「免疫力」。無論眼前是好、是壞、是喜、是憂，對我們都一樣了。這時，我們的生活也變得簡化。人變得簡單，講和想和做完全是一致。頭腦也沒有多少雜念。

我們真正實踐中道，最終的結果就是這樣。不僅隨時活出菩薩道，而且變成一個很簡化、很簡單、單純、天真的一個人。

從生活任何一個角落都可以開始——我們可以保持身邊環境的乾淨和整齊，隨時有一種自律和風度，不需要別人為我們善後。穿著打扮不需要過度強調，而是保持自己的整潔與舒適，反映內心的真善美。吃飽，吃好，身心得到滿足與舒暢。精神飽滿，人很容易快樂起來。透過適當的運動、睡眠和呼吸，為自己帶來最佳的健康。

用這種方法，我們逐漸轉變這一生的業力。

最後，我們還是活出一種極簡的生命。每個生活習慣都可以簡化，簡化到一個地步，我們隨時發現什麼都不需要去靠、都不需要依賴。無論對人、對自己、對一個習慣、對任何物質的層

面,都可以不受制於原本的依賴性。

　　我們可能會非常驚訝,原來自己需要的東西是少之又少。愈簡單,反而活得愈清晰、愈踏實,勇敢活出生命最高的價值。

　　將人生簡化再簡化,也就活出生命真正的美。

　　還有什麼東西,比這更重要?

結語：一生的朝聖

這本《中道》是為了少數再少數的人而寫。在人間，這種少數就像西方傳說的獨角獸、東方神話的鳳凰和麒麟，是稀有再稀有，難得再難得。畢竟我們如果完全不需要依賴別人，自己走出一條最高的路，那麼這條路不只是少有人走的路，還會是一條最少人走的路。

這是一條孤獨的道路，但它是一條友善的路。這種友善，不是為了任何條件或是別人的看法，而完全是出自自己的選擇。我們走下去，會感到無比的快樂。

但坦白說，有勇氣或傻氣選擇這條路的人還是相當稀少，他們會需要一些指引完成這個旅程。我想，這是我這一生可以扮演的角色。

是抱著這樣的心情，來寫《中道》。

寫到這裡，想起我的父母令人難忘的愛心、付出和服務的精神。他們的友善、無私和關懷，恐怕是我這一生難以達到的。

從小，我感覺自己和別人不一樣，無論是看法、記憶、學習

的能力都不同。當時還不懂，現在才逐漸體會到——我的母親相當堅定，一方面保護我，怕我吃虧或受到不妥當的對待；另一方面，她提供了一個環境，接受我和別人不一樣，讓我培養出自己的獨特性，也可以接受別人和自己的不同。

我父親是一個單純的人，他是工程師，也是學者。他們兩位一路吃了很多苦，本來都出身在富裕的家庭，為了時代的動盪從大陸流浪到臺灣，再移民到巴西。他們都見識過生活的風浪和波折，卻依然選擇最高的道德、最友善的道路，盡力幫助身邊的人。哪怕遇到再大的困難，也沒有動搖。

我在《奇蹟》講過，父母為我帶來一種人生的榜樣。他們這一生完全沒有受到污染，沒有做過任何傷害人或是違反道德的事，身邊總有數不完的朋友，而自己就像小孩子很天真隨時在服務、協助人，全部念頭都是善意的。

這種穩定性影響了我一生，我從小就認為他們像天使降臨到人間來保護我，只是身上沒有天使的翅膀而已。

他們教我學會謙虛。現在回頭想這一生的經過，我也只能感激再感激。

成年後我才發現，許多人關心的是別人可以為自己做什麼，而不是自己能為別人做什麼。許多擁有財富、名氣和地位的人，往往不快樂，缺少謙虛，缺乏道德的引導，生不起柔軟仁慈

的心，生活充滿不愉快。就連一些修行的老師和大師，也往往對人不友善，缺乏諒解，有不合理的要求，帶來一連串衝突，讓周圍的人也感受到紛擾，而難以平安，沒有安全感。

這當然會讓我去思考——為什麼人即使擁有一切，仍然無法感到快樂？快樂究竟有沒有條件？還是生命本來就有一種無條件的快樂，只是人類難以選擇？

能完成《中道》以及「全部生命系列」的其他作品，是我怎麼也沒想到的。

這一生竟然有這樣的機會，把未來佛、未來基督的妙勝智大法門或唯識，這樣一套完整、完美的法，點點滴滴跟大家分享。我最多只能充滿了感恩，再三感謝彌勒佛、基督帶著我完成這一生的朝聖。

中道，中道到底：未來人類的新正常
Forever the Middle Way

這兩年社會、經濟、全球政治的變化，不用多說，每個人都能體會到滿滿的不確定性，守不住安全感，更別說找回內心的平安。是這樣，楊定一博士始終認為有必要從各個層面建立一種穩定的力量，在這不確定的亂世，一同走上醒覺的路。

走上醒覺的路，無論是為了答覆真實的問題、解開生死的疑惑、療癒身心或感情的創傷，最後一定會走上中道，也只可能走上中道，不可能不是這樣子。

中道，中道到底——確實如此，並不是說說而已。

中道，是所有大聖人領悟真實後對人間的告白，更是貫通東西方智慧領域的關鍵。面對時代的劇變、立場的衝突、人生的起伏，中道是我們最需要的智慧與實踐，也是未來人類全新的正常。

「中道，中道到底」是楊博士第六次帶領的全球共修。雖然在線上進行，但要投入整整兩個月，對楊博士和所有參與的朋友，無論時間和心情都是一種責任與承擔。楊博士會親自帶領大家輕鬆而享受地投入練習，與理論做直接的整合，在心中打開一個可以接受事實、接受眼前、接受現象千變萬化的空間，推動生命正向的轉變。

我們知道世界的發展並不均衡，有些地方的朋友需要支持才能加入共修的行列。就如同長期以來，一些年輕的朋友和長期專修的修行者，都在支持下參與我們的共修，加入這趟共同的旅程。

在此，楊博士也感謝大家多年來在事務、經濟與精神上的支持，讓我們可以容納愈來愈多的人參與，讓幾萬顆誠懇心的投入，為社會增添一股正向前進、穩重的力量。

2025/04/28 開放報名

參與共修，先安裝全部生命 App
Android　　iOS

附錄：全共修簡介

楊定一博士選擇透過寫書、親自錄製影音和音頻來傳遞全部生命的觀念。每年長時間的共修，更是充分結合理論與生命的實踐。讀者可以自行安排時間進行，跟著一起深入、一同淨化。

中道，中道到底・2025（04.28 開放報名／07.01~08.31）
從變化與無常脫身，回歸內心寧靜的源頭，推動生命正向的轉變

心，向前行・2024
面對個人創傷的作用，老老實實將情緒的結、內心的結打開，活出這一生的祝福

清醒的呼吸・2023
在最親密的一呼一吸，穿越病苦、煩惱與創傷的高牆

定在心・2022
放過個人的不完美，世界的不完美，毫無顧慮投入自己、投入心、投入真實

沒有路的路・2021
讓這一生時時刻刻反映真心，透過一個個練習沉浸在真實

唯識的每日靜心・2020
解說「唯識」的觀念，也帶大家進入寧靜

這裡・現在・2018
結合光與聲音的觀想、呼吸練習，一步一步引導從臣服到參，一再回到生命的真實

蛻變・重生・2017
六小時引導，透過螺旋式的理論與練習並進，一點點深入我們的心

大陸地區的朋友可在「千聊平台 風潮線上課程」購課使用。經濟有難處的朋友，請來信 totalitycharity@gmail.com 讓我們知道如何協助你參與線上課程。

全部生命
購課網站

千聊平台
風潮線上課程

楊定一博士並未授權任何講師代為解說，也沒有授權任何單位舉辦線下實體課程、共修活動、或實修營，也在此聲明。

國家圖書館出版品預行編目（CIP）資料

中道：未來的靈性道路 = The middle way : spiritual path of the future／楊定一作. -- 第一版. --
臺北市：天下生活出版股份有限公司, 2025.03
336 面；17×23 公分 . -- （全部生命系列；29）
ISBN 978-626-7299-74-6（平裝）
1.CST：靈修

192.1　　　　　　　　　　　　　　　114000615

全部生命系列 0029

中道：未來的靈性道路
The Middle Way: Spiritual Path of the Future

作者／楊定一
編者／陳夢怡
插畫／p.99、p.100：馬奕安（Jan Martel）。p.106、107、116 施智騰（Simon）。
　　　p.121 https://theosophy.wiki/w-en/index.php?curid=8065
　　　p.123 盧岠睬協作。p.273 李研慧。
特約資深責編／陳秋華
行銷／曾士珊
封面設計／盧岠睬
內頁編排／中原造像股份有限公司
全書封完稿／唐宇萱

天下雜誌群創辦人／殷允芃
康健雜誌董事長／吳迎春
康健雜誌執行長／蕭富元
康健出版編輯總監／王慧雲
出版者／天下生活出版股份有限公司
地址／台北市 104 南京東路二段 139 號 11 樓
讀者服務／ (02)2662-0332　傳真／ (02)2662-6048
劃撥帳號／ 19239621 天下生活出版股份有限公司
法律顧問／台英國際商務法律事務所・羅明通律師
總經銷／大和圖書有限公司　電話／ (02)8990-2588
出版日期／ 2025 年 3 月第一版第一次印行
　　　　　 2025 年 7 月第一版第四次印行
定價／ 500 元

ISBN：978-626-7299-74-6（平裝）
書號：BHHY0029P

ALL RIGHTS RESERVED

天下網路書店 shop.cwbook.com.tw
康健雜誌網站 www.commonhealth.com.tw
康健出版臉書 www.facebook.com/chbooks.tw

本書如有缺頁、破損、裝訂錯誤，請寄回本公司調換